*AS PEQUENAS MEMÓRIAS*

Obras do autor publicadas pela Companhia das Letras

*Alabardas, alabardas, espingardas, espingardas*
*O ano da morte de Ricardo Reis*
*O ano de 1993*
*A bagagem do viajante*
*O caderno*
*Cadernos de Lanzarote*
*Cadernos de Lanzarote II*
*Caim*
*A caverna*
*Claraboia*
*O conto da ilha desconhecida*
*Don Giovanni ou O dissoluto absolvido*
*Ensaio sobre a cegueira*
*Ensaio sobre a lucidez*
*O Evangelho segundo Jesus Cristo*
*História do cerco de Lisboa*
*O homem duplicado*
*In Nomine Dei*
*As intermitências da morte*
*A jangada de pedra*
*Levantado do chão*
*A maior flor do mundo*
*Manual de pintura e caligrafia*
*Memorial do Convento*
*Objecto quase*
*As palavras de Saramago* (org. Fernando Gómez Aguilera)
*As pequenas memórias*
*Que farei com este livro?*
*O silêncio da água*
*Todos os nomes*
*Viagem a Portugal*
*A viagem do elefante*

JOSÉ SARAMAGO

# *AS PEQUENAS MEMÓRIAS*

*2ª edição*

Copyright © 2006 by José Saramago
Edição apoiada pelo Instituto Português do Livro e das Bibliotecas

 Ministério da Cultura

Instituto Português do
Livro e das Bibliotecas

A editora manteve a grafia vigente em Portugal, observando
as Regras do Acordo Ortográfico da Língua Portuguesa de 1990.

Capa:
*Adaptada de Silvadesigners,
autorizada por Porto Editora S.A.
e Fundação José Saramago*

Caligrafia da capa:
*Gonçalo M. Tavares*

Revisão:
*Carmen S. da Costa
Otacílio Nunes*

Atualização ortográfica:
*Angela das Neves*

Os personagens e situações desta obra são reais apenas no universo da ficção;
não se referem a pessoas e fatos concretos, e sobre eles não emitem opinião.

Dados Internacionais de Catalogação na Publicação (CIP)
(Câmara Brasileira do Livro, SP, Brasil)

Saramago, José, 1922-2010
  As pequenas memórias / José Saramago. — 2ª ed. — São Paulo: Companhia das Letras, 2022.

  ISBN 978-65-5921-178-4

  1. Escritores portugueses — Autobiografia 2. Memórias autobiográficas 3. Saramago, José, 1922-2010 I. Título.

22-109418                                                      CDD-928.69

Índice para catálogo sistemático:
1. Escritores portugueses : Memórias autobiográficas 928.69

Cibele Maria Dias – Bibliotecária – CRB-8/9427

2022

Todos os direitos desta edição reservados à
EDITORA SCHWARCZ S.A.
Rua Bandeira Paulista, 702, cj. 32
04532-002 — São Paulo — SP
Telefone: (11) 3707-3500
www.companhiadasletras.com.br
www.blogdacompanhia.com.br
facebook.com/companhiadasletras
instagram.com/companhiadasletras
twitter.com/cialetras

*A Pilar, que ainda não havia nascido,
e tanto tardou a chegar*

Deixa-te levar pela criança que foste.

*Livro dos Conselhos*

À aldeia chamam-lhe Azinhaga, está naquele lugar por assim dizer desde os alvores da nacionalidade (já tinha foral no século décimo terceiro), mas dessa estupenda veterania nada ficou, salvo o rio que lhe passa mesmo ao lado (imagino que desde a criação do mundo), e que, até onde alcançam as minhas poucas luzes, nunca mudou de rumo, embora das suas margens tenha saído um número infinito de vezes. A menos de um quilómetro das últimas casas, para o sul, o Almonda, que é esse o nome do rio da minha aldeia, encontra-se com o Tejo, ao qual (ou a quem, se a licença me é permitida) ajudava, em tempos idos, na medida dos seus limitados caudais, a alagar a lezíria quando as nuvens despejavam cá para baixo as chuvas torrenciais do Inverno e as barragens a montante, pletóricas, congestionadas, eram obrigadas a descarregar o excesso de água acumulada. A terra é plana, lisa como a palma da mão, sem acidentes orográficos dignos de tal nome, um ou outro dique que por ali se tivesse levantado mais servia para guiar a corrente aonde causasse menos dano do que para conter o ímpeto poderoso das cheias. Desde tão distantes épocas a gente nascida e vivida na minha aldeia aprendeu a negociar com os dois rios que acabaram por lhe configurar o carácter, o Almonda, que a seus pés desliza, o Tejo, lá mais adiante, meio oculto por trás da muralha de choupos, freixos e salgueiros que lhe vai acompanhando o curso, e um e outro, por boas ou más razões, omnipresentes na memória e nas falas das famílias. Foi nestes lugares que vim ao mundo, foi daqui, quando ainda não tinha dois anos, que meus pais, migrantes empurrados pela necessidade, me levaram para Lisboa, para outros modos de sentir, pensar e viver, como se nascer eu onde nasci tivesse sido consequência de um equívoco do acaso, de uma casual distração do destino, que ainda estivesse nas suas mãos emendar. Não foi assim. Sem que ninguém de tal se tivesse apercebido, a criança já havia estendido gavinhas e raízes, a frágil semente que então eu era havia tido tempo de pisar o barro do chão com os seus minúsculos e mal seguros pés, para receber dele, indelevelmente, a marca original da terra, esse fundo movediço do imenso oceano do ar, esse lodo ora seco, ora húmido, composto de restos vegetais e animais, de detritos de tudo e de todos, de rochas moídas, pulverizadas, de múltiplas e caleidoscópicas substâncias que passaram pela vida e à vida retornaram, tal como vêm retornando os sóis e as luas, as cheias e as secas, os frios e os calores, os ventos e as calmas, as dores e as alegrias, os seres e o nada. Só eu sabia, sem consciência de que o sabia, que nos ilegíveis fólios do destino e nos cegos meandros do acaso havia sido escrito que ainda teria de voltar à Azinhaga para acabar de nascer. Durante toda a infância, e também os primeiros anos da adolescência, essa pobre e rústica aldeia, com a sua fronteira rumorosa de água e de verdes, com as suas casas baixas rodeadas pelo cinzento prateado dos olivais, umas vezes requeimada pelos ardores do Verão, outras vezes transida pelas geadas assassinas do Inverno ou afogada pelas enchentes que lhe entravam pela porta dentro, foi o berço onde se completou a minha gestação, a bolsa onde o pequeno marsupial se recolheu para fazer da sua pessoa, em bem e talvez em mal, o que só por ela própria, calada, secreta, solitária, poderia ter sido feito.

Dizem os entendidos que a aldeia nasceu e cresceu ao longo de uma vereda, de uma azinhaga, termo que vem de uma palavra árabe, *as-zinaik*, "rua estreita", o que em sentido literal não poderia ter sido naqueles começos, pois uma rua, seja estreita, seja larga, sempre será uma rua, ao passo que uma vereda nunca será mais que um atalho, um desvio para chegar mais depressa aonde se pretende, e em geral sem outro futuro nem desmedidas ambições de distância. Ignoro em que altura se terá introduzido na região o cultivo extensivo da oliveira, mas não duvido, porque assim o afirmava a tradição pela boca dos velhos, de que por cima dos mais antigos daqueles olivais já teriam passado, pelo menos, dois ou três séculos. Não passarão outros. Hectares e hectares de terra plantados de oliveiras foram impiedosamente rasoirados há alguns anos, cortaram-se centenas de milhares de árvores, extirparam-se do solo profundo, ou ali se deixaram a apodrecer, as velhas raízes que, durante gerações e gerações, haviam dado luz às candeias e sabor ao caldo. Por cada pé de oliveira arrancado, a Comunidade Europeia pagou um prémio aos proprietários das terras, na sua maioria grandes latifundiários, e hoje, em lugar dos misteriosos e vagamente inquietantes olivais do meu tempo de criança e adolescente, em lugar dos troncos retorcidos, cobertos de musgo e líquenes, esburacados de locas onde se acoitavam os lagartos, em lugar dos dosséis de ramos carregados de azeitonas negras e de pássaros, o que se nos apresenta aos olhos é um enorme, um monótono, um interminável campo de milho híbrido, todo com a mesma altura, talvez com o mesmo número de folhas nas canoilas, e amanhã talvez com a mesma disposição e o mesmo número de maçarocas, e cada maçaroca talvez com o mesmo número de bagos. Não estou a queixar-me, não estou a chorar a perda de algo que nem sequer me pertencia, estou só a tentar explicar que esta paisagem não é a minha, que não foi neste sítio que nasci, que não me criei aqui. Já sabemos que o milho é um cereal de primeira necessidade, para muita gente ainda mais que o azeite, e eu próprio, nos meus tempos de rapaz, nos verdes anos da primeira adolescência, andei pelos milharais de então, depois de terminada a apanha pelos trabalhadores, com uma sacola de pano pendurada ao pescoço, a rabiscar as maçarocas que tivessem passado em claro. Confesso, no entanto, que experimento agora algo assim como uma satisfação maliciosa, uma desforra que não procurei nem quis, mas que veio ao meu encontro, quando ouço dizer à gente da aldeia que foi um erro, um disparate dos maiores, terem-se arrancado os velhos olivais. Também inutilmente se chorará o azeite derramado. Contam-me agora que se está voltando a plantar oliveiras, mas daquelas que, por muitos anos que vivam, serão sempre pequenas. Crescem mais depressa e as azeitonas colhem-se mais facilmente. O que não sei é onde se irão meter os lagartos.

A criança que eu fui não *viu* a paisagem tal como o adulto em que se tornou seria tentado a imaginá-la desde a sua altura de homem. A criança, durante o tempo que o foi, *estava* simplesmente na paisagem, fazia parte dela, não a interrogava, não dizia nem pensava, por estas ou outras palavras: "Que bela paisagem, que magnífico panorama, que deslumbrante ponto de vista!". Naturalmente, quando subia ao campanário da igreja ou trepava ao topo de um freixo de vinte metros de altura, os seus jovens olhos eram capazes de apreciar e registar os grandes espaços abertos diante de si, mas há que dizer que a sua atenção sempre preferiu distinguir e fixar-se em coisas e seres que se encontrassem perto, naquilo que pudesse tocar com as mãos, naquilo também que se lhe oferecesse como algo que, sem disso ter consciência, urgia compreender e incorporar ao espírito (escusado será lembrar que a criança não sabia que levava dentro de si semelhante joia), fosse uma cobra rastejando, uma formiga levantando ao ar uma pragana de trigo, um porco a comer do cocho, um sapo bamboleando sobre as pernas tortas, ou então uma pedra, uma teia de aranha, a leiva de terra levantada pelo ferro do arado, um ninho abandonado, a lágrima de resina escorrida no tronco do pessegueiro, a geada brilhando sobre as ervas rasteiras. Ou o rio. Muitos anos depois, com palavras do adulto que já era, o adolescente iria escrever um poema sobre esse rio — humilde corrente de água hoje poluída e malcheirosa — em que se tinha banhado e por onde havia navegado. *Protopoema* lhe chamou e aqui fica: "Do novelo emaranhado da memória, da escuridão dos nós cegos, puxo um fio que me aparece solto./ Devagar o liberto, de medo que se desfaça entre os dedos./ É um fio longo, verde e azul, com cheiro de limos, e tem a macieza quente do lodo vivo./ É um rio./ Corre-me nas mãos, agora molhadas./ Toda a água me passa entre as palmas abertas, e de repente não sei se as águas nascem de mim, ou para mim fluem./ Continuo a puxar, não já memória apenas, mas o próprio corpo do rio./ Sobre a minha pele navegam barcos, e sou também os barcos e o céu que os cobre, e os altos choupos que vagarosamente deslizam sobre a película luminosa dos olhos./ Nadam-me peixes no sangue e oscilam entre duas águas como os apelos imprecisos da memória./ Sinto a força dos braços e a vara que os prolonga./ Ao fundo do rio e de mim, desce como um lento e firme pulsar de coração./ Agora o céu está mais perto e mudou de cor./ É todo ele verde e sonoro porque de ramo em ramo acorda o canto das aves./ E quando num largo espaço o barco se detém, o meu corpo despido brilha debaixo do sol, entre o esplendor maior que acende a superfície das águas./ Aí se fundem numa só verdade as lembranças confusas da memória e o vulto subitamente anunciado do futuro./ Uma ave sem nome desce donde não sei e vai pousar calada sobre a proa rigorosa do barco./ Imóvel, espero que toda a água se banhe de azul e que as aves digam nos ramos por que são altos os choupos e rumorosas as suas folhas./ Então, corpo de barco e de rio na dimensão do homem, sigo adiante para o fulvo remanso que as espadas verticais circundam./ Aí, três palmos enterrarei a minha vara até à pedra viva./ Haverá o grande silêncio primordial quando as mãos se juntarem às mãos./ Depois saberei tudo". Não se sabe tudo, nunca se saberá tudo, mas há horas em que somos capazes de acreditar que sim, talvez porque nesse momento nada mais nos podia caber na alma, na consciência, na mente, naquilo que se queira chamar ao que nos vai fazendo mais ou menos humanos. Olho de cima da ribanceira a corrente que mal se move, a água quase estagnada, e absurdamente imagino que tudo voltaria a ser o que foi se nela pudesse voltar a mergulhar a minha nudez da infância, se pudesse retomar nas mãos que tenho hoje a longa e húmida vara ou os sonoros remos de antanho, e impelir, sobre a lisa pele da água, o barco rústico que conduziu até às fronteiras do sonho um certo ser que fui e que deixei encalhado algures no tempo.

Já não existe a casa em que nasci, mas esse facto é-me indiferente porque não guardo qualquer lembrança de ter vivido nela. Também desapareceu num montão de escombros a outra, aquela que durante dez ou doze anos foi o lar supremo, o mais íntimo e profundo, a pobríssima morada dos meus avós maternos, Josefa e Jerónimo se chamavam, esse mágico casulo onde sei que se geraram as metamorfoses decisivas da criança e do adolescente. Essa perda, porém, há muito tempo que deixou de me causar sofrimento porque, pelo poder reconstrutor da memória, posso levantar em cada instante as suas paredes brancas, plantar a oliveira que dava sombra à entrada, abrir e fechar o postigo da porta e a cancela do quintal onde um dia vi uma pequena cobra enroscada, entrar nas pocilgas para ver mamar os bácoros, ir à cozinha e deitar do cântaro para o púcaro de esmalte esborcelado a água que pela milésima vez me matará a sede daquele Verão. Então digo à minha avó: "Avó, vou dar por aí uma volta". Ela diz "Vai, vai", mas não me recomenda que tenha cuidado, nesse tempo os adultos tinham mais confiança nos pequenos a quem educavam. Meto um bocado de pão de milho e um punhado de azeitonas e figos secos no alforge, pego num pau para o caso de ter de me defender de um mau encontro canino, e saio para o campo. Não tenho muito por onde escolher: ou o rio, e a quase inextricável vegetação que lhe cobre e protege as margens, ou os olivais e os duros restolhos do trigo já ceifado, ou a densa mata de tramagueiras, faias, freixos e choupos que ladeia o Tejo para jusante, depois do ponto de confluência com o Almonda, ou, enfim, na direção do norte, a uns cinco ou seis quilómetros da aldeia, o Paul do Boquilobo, um lago, um pântano, uma alverca que o criador das paisagens se tinha esquecido de levar para o paraíso. Não havia muito por onde escolher, é certo, mas, para a criança melancólica, para o adolescente contemplativo e não raro triste, estas eram as quatro partes em que o universo se dividia, se não foi cada uma delas o universo inteiro. Podia a aventura demorar horas, mas nunca acaba-

*16*

ria antes que o seu propósito tivesse sido alcançado.

Atravessar sozinho as ardentes extensões dos olivais, abrir um árduo caminho por entre os arbustos, os troncos, as silvas, as plantas trepadeiras que erguiam muralhas quase compactas nas margens dos dois rios, escutar sentado numa clareira sombria o silêncio da mata somente quebrado pelo pipilar dos pássaros e pelo ranger das ramagens sob o impulso do vento, deslocar-se por cima do paul, passando de ramo em ramo na extensão povoada pelos salgueiros chorões que cresciam dentro de água, não são, dir-se-á, proezas que justifiquem referência especial numa época como esta nossa, em que, aos cinco ou seis anos, qualquer criança do mundo civilizado, mesmo sedentária e indolente, já viajou a Marte para pulverizar quantos homenzinhos verdes lhe saíram ao caminho, já dizimou o terrível exército de dragões mecânicos que guardava o ouro de Forte Knox, já fez saltar em pedaços o rei dos tiranossauros, já desceu sem escafandro nem batiscafo às fossas submarinas mais profundas, já salvou a humanidade do aerólito monstruoso que vinha aí destruir a Terra. Ao lado de tão superiores façanhas, o rapazinho da Azinhaga só teria para apresentar a sua ascensão à ponta extrema do freixo de vinte metros, ou então, modestamente, mas de certeza com maior proveito degustativo, as suas subidas à figueira do quintal, de manhã cedo, para colher os frutos ainda húmidos da orvalhada noturna e sorver, como um pássaro guloso, a gota de mel que surdia do interior deles. Pouca coisa, em verdade, mas é bem provável que o heroico vencedor do tiranossauro não fosse nem sequer capaz de apanhar uma lagartixa à mão.

Não falta quem afirme seriamente, com o reforço abonatório de alguma citação clássica, que a paisagem é um estado de alma, o que, posto em palavras comuns, quererá dizer que a impressão causada pela contemplação de uma paisagem sempre estará dependente das variações temperamentais e do humor jovial ou atrabilioso que estiverem atuando dentro de nós no preciso momento em que a tivermos diante dos olhos. Não me atrevo a duvidar. Presume-se, portanto, que os estados de alma sejam pertença exclusiva da maioridade, da gente crescida, das pessoas que já são competentes para manejar, com mais ou menos propriedade, os graves conceitos com que subtilezas destas se analisam, definem e minudenciam. Coisas de adultos, que julgam saber tudo. A este adolescente, por exemplo, ninguém lhe perguntou que tal se sentia de humor e que interessantes vibrações lhe estava registando o sismógrafo da alma quando, ainda noite, numa madrugada inesquecível, ao sair da cavalariça onde entre cavalos havia dormido, foi tocado na fronte, na cara, em todo o corpo, e em algo para além do corpo, pela alvura da mais resplandecente das luas que alguma vez olhos humanos terão visto. E também o que foi que sentiu quando, já saído de todo o sol, enquanto ia guiando os porcos por cerros e vales no regresso da feira onde vendera a maior parte deles, deu por que estava a pisar um trecho de calçada tosca, formada de lajes que pareciam mal ajustadas, insólito descobrimento num descampado que parecia deserto e abandonado desde o princípio do mundo. Só muito mais tarde, muitos anos depois, compreenderia que havia pisado o que certamente seria um resto de estrada romana.

Contudo, estes assombros, tanto os meus como os dos precoces manipuladores de universos virtuais, não são nada se comparados àquela vez em que, quase rente ao sol-posto, saí da Azinhaga, da casa dos meus avós (teria então uns quinze anos), para ir a uma povoação distante, na banda de lá do Tejo, onde me encontraria com uma rapariga de quem julgava estar enamorado. Passou-me para o outro lado do rio um velho barqueiro chamado Gabriel (a gente da aldeia chamava-lhe Graviel), vermelho de sol e de aguardente, uma espécie de gigante de cabelos brancos, corpulento como um S. Cristóvão. Tinha-me sentado nas tábuas do embarcadoiro, a que chamávamos porto, da margem de cá, à espera dele, enquanto escutava, sobre a superfície aquática tocada pela última claridade do dia, o ruído acompassado dos remos. Ele aproximava-se lentamente, e eu percebi (seria do meu estado de alma?) que estava a viver um momento que nunca haveria de esquecer. Um pouco acima do porto da outra margem havia um plátano enorme debaixo do qual a manada de bois da herdade vinha dormir a sesta. Meti pés ao caminho, cortando a direito por alqueves, marachas, valas, charcos, milharais, como um caçador furtivo à procura de uma peça rara. A noite tinha caído, no silêncio do campo só se ouviam os meus passos. Se o encontro foi ou não afortunado, mais adiante o contarei. Houve baile, fogos de artifício, creio que saí da povoação quando já seria perto da meia-noite. Uma lua cheia, menos resplandecente que a outra, iluminava tudo em redor. Antes do ponto em que teria de abandonar a estrada para meter a corta-mato, o caminho estreito por onde ia pareceu terminar de repente, esconder-se atrás de um valado alto, e mostrou-me, como a impedir o passo, uma árvore isolada, alta, escuríssima no primeiro momento contra a transparência noturna do céu. De súbito, porém, soprou uma brisa rápida. Arrepiou os caules tenros das ervas, fez estremecer as navalhas verdes dos canaviais e ondular as águas pardas de um charco. Como uma onda, soergueu as ramagens estendidas da árvore, subiu-lhe pelo tronco murmurando, e então, de golpe, as folhas viraram para a lua a face escondida e toda a faia (era uma faia) se cobriu de branco até à cima mais alta. Foi um instante, nada mais que um instante, mas a lembrança dele durará o que a minha vida tiver de durar. Não havia tiranossauros, marcianos ou dragões mecânicos, é certo que um aerólito cruzou o céu (não custa a acreditar que sim), mas a humanidade, como veio a verificar-se depois, não esteve em perigo. Depois de muito caminhar, ainda o amanhecer vinha longe, achei-me no meio do campo com uma barraca feita de ramos e palha, e lá dentro um pedaço de pão de milho bolorento com que pude enganar a fome. Ali dormi. Quando despertei, na primeira claridade da manhã, e saí, esfregando os olhos, para a neblina luminosa que mal deixava ver os campos ao redor, senti dentro de mim, se bem recordo, se não o estou a inventar agora, que tinha, finalmente, acabado de nascer. Já era hora.

Porquê este meu temor aos cães? Porquê esta minha fascinação pelos cavalos?
O receio, que hoje ainda, apesar de algumas harmo-

niosas experiências vividas nos últimos tempos, mal consigo dominar quando me vejo perante um representante desconhecido da espécie canina, vem-me, tenho a certeza, daquele pânico desabalado que senti, teria uns sete anos, quando, ao princípio da noite, candeeiros públicos já acesos, dispondo-me eu a entrar no prédio da Rua Fernão Lopes, ao Saldanha, onde convivíamos em arranjo doméstico com outras duas famílias, se abriu de repente a porta e por ela desembestou, como a pior das feras malaias ou africanas, o lobo-d'alsácia de uns vizinhos que, imediatamente, para honrar o nome que tinha, começou a perseguir-me, atroando os espaços com os seus latidos furiosos, enquanto o pobre de mim, desesperado, fintando-o atrás das árvores o melhor que podia, gritava que me acudissem. Os ditos vizinhos, a quem só me permitirei dar este nome porque moravam no mesmo prédio, não porque fossem da igualha dos pelintras que habitavam as águas-furtadas do sexto andar, como era o nosso caso, levaram mais tempo a chamar o animal do que a mais elementar caridade deveria ter consentido. Entretanto, se a memória não me engana, se não estou a juntar o enxovalho ao pavor, os donos do cão, novos, finos, elegantes (seriam os filhos adolescentes da família, um rapaz e uma rapariga), riam a bandeiras despregadas, como nessa época ainda se dizia. Graças à agilidade das minhas pernas de então, o animal não chegou a alcançar-me, menos ainda a morder-me, ou não seria essa a sua intenção, o mais provável é que ele próprio se tivesse assustado quando lhe apareci inesperadamente à entrada da porta. Tivemos medo um do outro, foi o que foi. O lado intrigante do episódio, do mais banal quanto ao resto, esteve em saber eu, quando me encontrava do lado de fora da porta, que o cão, precisamente aquele cão, estava ali à minha espera para me saltar ao gasnete... Sabia, não me perguntem como, mas sabia.

E os cavalos? O meu problema com os cavalos é mais pungente, daquelas coisas que ficam a doer para toda a vida na alma de uma pessoa. Uma irmã da minha mãe, Maria Elvira de seu nome, estava casada com um certo Francisco Dinis que trabalhava como guarda na Herdade de Mouchão de Baixo, parcela do Mouchão dos Coelhos, designação por que era conhecido o conjunto de uma extensa propriedade na margem esquerda do Tejo, mais ou menos em linha reta com uma povoação metida para o interior chamada Vale de Cavalos. Voltemos ao tio Francisco Dinis. Ser guarda de uma herdade de tal tamanho e poder significava pertencer à aristocracia da lezíria: espingarda caçadeira de dois canos, barrete verde, camisa branca de colarinho sempre abotoado, abrasasse o calor ou enregelasse o frio, cinta encarnada, sapatos de salto de prateleira, jaqueta curta — e, evidentemente, cavalo. Ora, em tantos anos — dos oito de idade aos quinze são muitos, muitíssimos — nunca aquele tio se lembrou de subir-me para a desejada sela, e eu, suponho que por um orgulho infantil de que não podia ser consciente, nunca lho pedi. Um belo dia, não me lembro por que vias de acesso (talvez por conhecimento de uma outra irmã da minha mãe, Maria da Luz, talvez de uma irmã do meu pai, Natália, que servira em Lisboa como criada na casa da família Formigal, na Rua dos Ferreiros, à Estrela, aonde uma eternidade depois eu haveria de ir morar), alojou-se no Casalinho, que assim era chamada desde tempos muito apartados a humilde casa dos meus avós maternos, uma senhora ainda nova, "amiga", como então se dizia, de um comerciante da capital. Que estava fraca e necessitava de descanso, razão por que havia ido para ali passar uma temporada, a respirar os bons ares da Azinhaga e, de caminho, melhorando com a sua presença e o seu dinheiro o passadio da casa. Com esta mulher, de cujo nome não tenho a certeza de me lembrar exatamente (talvez fosse Isaura, talvez Irene, Isaura seria), tive umas saborosas brigas corpo a corpo e umas brincadeiras de mãos, empurras tu, empurro eu, que sempre acabavam atirando-a (devia ter uns catorze anos) para cima de uma das camas da casa, peito contra peito, púbis contra púbis, enquanto a avó Josefa, de sabida ou inocente, ria a bom rir e dizia que eu tinha muita força. A mulher levantava-se palpitante, corada, compunha o penteado que se havia desfeito e jurava que se fosse a sério não se teria deixado vencer. Parvo fui eu, ou ingénuo rematado, que podia ter-lhe pegado na palavra e nunca me atrevi. A sua relação com o dito comerciante era uma coisa assente, estável, como o demonstrava a filha de ambos, uma garotita de uns pálidos e sumidos sete anos, também a ares com a mãe. Meu tio Francisco Dinis era um homem pequenino, empertigado, bastante marialva em casa, mas a docilidade em pessoa sempre que tinha de lidar com patrões, superiores e gente vinda da cidade. Não era de estranhar, portanto, que rodeasse de mesuras e cortesias a visitante, o que até poderia ser entendido como prova da boa educação natural da gente do campo, porém fazia-o de um modo que a mim sempre me pareceu mais chegado ao servilismo que ao simples respeito. Um dia, esse homem, que em paz descanse, querendo mostrar todo o bem que queria às visitas, pegou na tal menina, pô-la em cima do cavalo e, como se fosse o palafreneiro de uma princesinha, passeou-a de um lado a outro diante da casa dos meus avós, enquanto eu, calado, sofria o desgosto e a humilhação. Alguns anos mais tarde, na excursão de fim de curso da Escola Industrial de Afonso Domingues, donde sairia serralheiro mecânico um ano depois, montei num daqueles sorumbáticos cavalos do Sameiro, pensando que talvez ele pudesse indemnizar-me na adolescência do tesouro que me havia sido roubado na infância: a alegria de uma aventura que tinha estado ao alcance da minha mão e em que não me deixaram tocar. Demasiado tarde. O escanzelado rocinante do Sameiro levou-me aonde quis, parou quando lhe apeteceu e não virou a cabeça para me dizer adeus quando me deixei escorregar da sela, tão triste como naquele dia. Hoje tenho imagens desses animais por toda a casa. Quem pela primeira vez me visita pergunta-me quase sempre se sou cavaleiro, quando a única verdade é andar eu ainda a sofrer dos efeitos da queda de um cavalo que nunca montei. Por fora não se nota, mas a alma anda-me a coxear há setenta anos.

Uma cereja traz outra cereja, um cavalo trouxe um tio, um tio irá trazer a versão rural da última cena do

*Otelo* de Verdi. Tal como a generalidade das casas mais antigas da Azinhaga, falo, claro está, das moradas do povo miúdo, a destes meus tios no Mouchão dos Coelhos, construída, convém dizê-lo, sobre uma base de alvenaria, alta de não menos que dois metros, com escada exterior de acesso, para que não pudessem chegar-lhe as grandes cheias do Inverno, compunha-se de duas divisões, uma que dava para a rua (neste caso, para o campo), a que chamávamos casa-de-fora, e outra a cozinha, com saída para o quintal também por uma escada, esta de madeira, mais simples que a da frente. Meu primo José Dinis e eu dormíamos na cozinha, na mesma cama. Era este José Dinis uns três ou quatro anos mais novo que eu, mas a diferença de idade e força, apesar de ser toda a meu favor, nunca o impediu de andar à pancada comigo sempre que lhe parecia que o primo mais velho lhe andava a querer passar à frente nas preferências, explícitas ou implícitas, das mocinhas da terra. Nunca me esquecerei dos ciúmes loucos que o pobre moço padeceu por causa de uma rapariga de Alpiarça, chamada Alice, bonita e delicada, que mais tarde viria a casar-se com um rapaz alfaiate e que, muitos anos depois, acabou por ir viver para a Azinhaga com o marido, que continuava a trabalhar no ofício. Quando me disseram, em uma ocasião de férias, que ela estava ali, fui-lhe passar à porta disfarçadamente e, por um rápido instante, apenas o tempo de um relancear de olhos, reencontrei-me com todos os anos passados. Ela estava costurando de cabeça baixa, não me viu, por isso não cheguei a saber se me reconheceria. Do primo José Dinis tenho ainda a recordar que, apesar de sermos como o cão e o gato, mais que uma vez o vi atirar-se ao chão a chorar, desesperado, quando, terminadas as férias, eu me despedia da família para regressar a Lisboa. Não queria nem olhar para mim, e, se eu tentava aproximar-me, recebia-me a soco e pontapé. Muita razão tinha a tia Maria Elvira quando dizia do filho: "Ele é ruim, mas tem bom coração".

Sem pedir ajuda a ninguém para o cometimento da dificílima operação, o José Dinis havia resolvido o problema da quadratura do círculo. Era ruim, mas tinha bom coração...

Os ciúmes eram, pois, uma enfermidade congénita da família dos Dinises. Durante o tempo das colheitas, mas também já quando os meloais começavam a amadurecer e os bagos de milho a endurecer nas maçarocas, o tio Francisco Dinis raramente passava em casa uma noite completa. Percorria a herdade, grande como um latifúndio, que em realidade o era, montado no seu cavalo, de espingarda atravessada na sela, à cata de maleantes maiores ou menores. Imagino que se acaso a necessidade de mulher apertava, fosse por efeito lírico do luar ou do roçar da sela na entreperna, trotava até casa, desafogava-se num instante, descansava um pouco do esforço e logo regressava à ronda noturna. Numa inesquecível madrugada, dormíamos meu primo e eu extenuados pelas brigas e correrias do dia, o tio Dinis irrompeu como uma fúria pela cozinha dentro, brandindo a espingarda, aos berros: "Quem foi que esteve aqui? Quem foi que esteve aqui?". Ao princípio, estremunhado, arrancado ao sono de tão violenta maneira, mal consegui vislumbrar pela porta aberta a cama do casal e a minha tia metida numa camisa de dormir branca, com as mãos na cabeça: "Este homem está doido!", gemia a pobre mulher. Doido talvez não estivesse, mas possesso de ciúmes, sim, o que vem a dar mais ou menos no mesmo. Francisco Dinis gritava que nos mataria a todos se não disséssemos a verdade sobre o que se tinha passado ali, intimou o filho a que respondesse já, já, mas a coragem do José Dinis, superiormente provada na vida civil, não era bastante para enfrentar-se a um pai armado de bacamarte e deitando espuma pela boca. Acudi então que ninguém havia entrado em casa, que como de costume nos tínhamos deitado logo a seguir à ceia, e nada mais. "E depois, e depois, juras-me que ninguém esteve aqui?", vociferou o Otelo do Mouchão de Baixo. Comecei a perceber o que se passara, a pobre da tia Maria Elvira, lá da cama, incitava-me: "Diz-lho tu, Zezito, diz-lho tu, que ele em mim não acredita". Creio que foi aquela a primeira vez na minha vida que dei a palavra de honra. Era cómico, um garoto de catorze anos a dar a sua palavra de que a tia não tinha metido outro homem na cama, como se eu, que dormia a sono solto, pudesse sabê-lo (não, não devo ser cínico, a tia Maria Elvira era uma honestíssima mulher), mas o certo é que a solenidade daquela palavra de honra produziu efeito, calculo que pela novidade, pois o falar da gente da terra, tirando as juras e as pragas, era sim, sim, não, não, sem desperdício de floreados retóricos. Meu tio acalmou-se, encostou a espingarda à parede, e tudo se esclareceu. A cama era daquelas que têm à cabeceira e aos pés uns varões de latão removíveis, mantidos nos espigões laterais por umas maçanetas esféricas do mesmo metal, cujo roscado interno, com o uso, tinha acabado por moer-se e perder agarre. Quando meu tio entrou e subiu a torcida do candeeiro de petróleo, encontrou-se com o que julgou ser a prova da sua desonra: o varão da cabeceira, como um dedo acusador, tinha-se soltado de um dos lados e pendia sobre a mulher adormecida. Ao virar-se na cama a tia Maria Elvira devia ter levantado um braço e feito sair o varão do seu lugar. Que desvergonhas, que orgias infames terá imaginado Francisco Dinis, que agitações de corpos arrebatados por todos os desvarios eróticos imagináveis, não poderia eu então concebê-lo, mas que o coitado do homem não tivesse a inteligência de perceber que por ali não poderiam ter vindo os tiros, se os houvera, mostra até que ponto o ciúme é capaz de cegar para as evidências mais cristalinas os olhos de qualquer um. Fosse eu da raça cobarde dos Iagos (não sei, não vi, estava a dormir) e talvez o silêncio da noite no Mouchão de Baixo tivesse sido cortado por dois tiros de caçadeira e uma mulher inocente jazesse morta entre uns lençóis que não haviam conhecido mais cheiros e fluidos masculinos que os do próprio uxoricida.

Lembro-me de que este tio aparecia de vez em quando com um coelho ou uma lebre, espingardeados durante as suas voltas pela herdade. Para ele, que era guarda, o defeso devia ser uma palavra vã. Um dia chegou a casa triunfante como um cruzado que viesse de desbaratar um exército de infiéis. Trazia uma grande ave dependurada do arção, uma garça cinzenta, bicho novo para mim e que desconfio era proibido matar. Tinha uma carne tirante a escura, com ligeiro gosto a peixe, se é que não estarei agora, depois de tantos anos, a sonhar com sabores que nunca me afagaram o paladar nem passaram pela goela.

Do Mouchão de Baixo é também a sobre todas edificante história da Pezuda, uma mulher de quem esqueci o nome, ou talvez mesmo nunca o tivesse sabido, e a quem chamávamos assim por ter uns pés enormes, infelicidade que ela não podia ocultar porque, como todos nós (refiro-me aos cachopos e às mulheres), andava descalça. A Pezuda era vizinha dos meus tios, parede com parede, moravam, ela e o marido, numa casa igual à nossa (não recordo que tivessem filhos), e, como tantas vezes sucedia por aquelas paragens, onde, no mais exato e rigoroso dos sentidos, para bem e para mal, se me criaram o corpo e o espírito, as duas famílias andavam de candeias às avessas, não se davam, não se falavam, nem sequer para dar os bons-dias. (A vizinha do lado da minha avó Josefa, lá nas Divisões, assim denominada aquela parte da aldeia por pertencerem a proprietários diferentes as oliveiras que ali cresciam, era nem mais nem menos que uma irmã do meu avô Jerónimo, de nome Beatriz, e o caso é que, embora sendo do mesmo sangue, vivendo paredes meias, porta com porta, estavam de relações cortadas, odiavam-se desde uns tempos a que a minha memória de infante não podia chegar. Nunca conheci os motivos da zanga que os havia separado.) A Pezuda, obviamente, tinha o seu nome no batismo da igreja e no registo civil, mas para nós era só a Pezuda, e com a feiíssima alcunha ficava tudo dito. A tal ponto que um célebre dia (andaria eu pelos meus doze anos), estando sentado à porta da casa, no alto da escada, e vendo passar a detestada vizinha (detestada só por uma questão de equivocada solidariedade familiar, pois que a mulher nunca me tinha feito mal), disse para a minha tia, que costurava no interior: "Lá vai a Pezuda". A voz saiu-me mais alta do que eu esperava e a Pezuda ouviu-me. Lá de baixo, cheia de razão, atirou-me das boas e das bonitas à cara, exprobrando-me a má educação de menino de Lisboa (eu seria tudo menos um menino de Lisboa), a quem, pelos vistos, não tinham ensinado a respeitar as pessoas mais velhas, o que era então dever fundamental para um regular funcionamento da sociedade. E rematou a objurgatória ameaçando-me de que se queixaria ao marido quando ele regressasse do trabalho, depois do sol-posto. Não tenho outro remédio senão confessar que andei todo o resto daquele dia com o coração apertado e palpitações no estômago, temendo o pior, porque o homem, segundo se dizia, tinha fama e proveito de bruto. Decidi com os meus botões que iria tornar-me invisível até que a noite acabasse de se fechar, mas a tia Maria Elvira percebeu a manobra e, quando eu me dispunha a perder-me pelos arredores, disse-me no tom mais tranquilo do mundo: "À hora de ele vir do trabalho, tu sentas-te na soleira da porta e ficas à espera. Se ele te quiser bater, eu cá estou, mas tu não arredas pé". Estas são as boas lições, das que vão durar toda a vida, das que nos agarram pelo ombro quando estamos prestes a ceder. Lembro-me (lembro-me mesmo, não é adorno literário de última hora) de um poente belíssimo, e eu ali sentado na soleira da porta, a olhar as nuvens vermelhas e o céu violeta, sem saber o que me iria acontecer, mas, evidentemente, convencido de que o meu dia iria acabar mal. Às tantas, já escuro, chegou o vizinho, subiu a escada da casa, e eu pensei: "É agora". Não tornou a sair. Ainda hoje estou para saber o que se terá passado lá dentro. Contou-lhe a mulher o sucedido e ele achou que não valia a pena tomar a sério as más-criações de um fedelho? Foi ela tão generosa que não disse uma palavra ao marido sobre o infeliz episódio, aceitando a ofensa feita a uns pés de que não tinha a culpa? Teria pensado em tudo quanto me poderia chamar a mim de depreciativo, tartamudo, por exemplo, e que por caridade estaria calando? O certo é que quando a minha tia me chamou para cear não havia somente satisfação nos meus pensamentos. Sim, estava contente por ter conseguido aparentar uma coragem que afinal me havia chegado de empréstimo, mas também experimentava a incómoda impressão de que alguma coisa me faltava. Teria eu preferido que me castigassem com um valente puxão de orelhas ou umas palmadas no sítio próprio, que ainda estava em muito boa idade para receber? A minha sede de martírio não podia chegar a tanto. Não tenho dúvidas, porém, de que algo ficou em suspenso naquela noite. Ou, pensando melhor, agora que estou a escrever sobre o que se passou, talvez não. Talvez a atitude dos malquistos vizinhos do Mouchão dos Coelhos tivesse sido, simplesmente, a segunda lição de que eu andava a precisar.

\* \* \*

É a altura de explicar as razões do título que comecei por dar a estas lembranças — *O livro das tentações* —, o qual, à primeira vista, e também à segunda e à terceira, parece nada ter que ver com os assuntos tratados até agora e certamente com a maioria daqueles de que falarei na continuação. A ambiciosa ideia inicial — do tempo em que trabalhava no *Memorial do Convento*, há quantos anos isso vai — havia sido mostrar que a santidade, essa manifestação "teratológica" do espírito humano capaz de subverter a nossa permanente e pelos vistos indestrutível animalidade, perturba a natureza, confunde-a, desorienta-a. Pensava então que aquele alucinado Santo Antão que Hyeronimus Bosch pintou nas *Tentações*, pelo facto de ser santo, havia obrigado a que se levantassem das profundas todas as forças da natureza, as visíveis e as invisíveis, os monstros da mente e as sublimidades dela, a luxúria e os pesadelos, todos os desejos ocultos e todos os pecados manifestos. Curiosamente, a tentativa de transportar tema tão esquivo (ai de mim, não tardaria a compreender que os meus dotes literários ficavam muito abaixo da grandiosidade do projeto) para um simples repositório de recordações a que, obviamente, conviria um título mais proporcionado, não impediu que me tivesse visto a mim mesmo em situação de alguma maneira semelhante à do santo. Isto é, sendo eu um sujeito do mundo, também teria de ser, ao menos por simples "inerência do cargo", sede de todos os desejos e alvo de todas as tentações. De facto, se puséssemos uma criança qualquer, e logo um qualquer adolescente, e logo um qualquer adulto, no lugar de Santo Antão, em quê se expressariam as diferenças? Tal como ao santo assediaram os monstros da imaginação, à criança que eu fui perseguiram-na os mais horrendos pavores da noite, e as mulheres nuas que lascivamente continuam a dançar diante de todos os Antões do planeta não são diferentes daquela prostituta gorda que, uma noite, ia eu a caminho do Cinema Salão Lisboa, sozinho como era meu hábito, me perguntou numa voz cansada e indiferente: "O menino quer vir para o quarto?". Foi na Rua do Bem-Formoso, na esquina de umas escadinhas que ali há, e eu devia ter uns doze anos. E se é certo que algumas das fantasmagorias boschianas parecem suplantar de longe as possibilidades de qualquer comparação entre o santo e a criança, será só porque já não nos lembramos ou não queremos nem lembrar-nos do que então se passava nas nossas cabeças. Aquele peixe voador que no quadro de Bosch leva o santo varão por ares e ventos não se distingue assim tanto do nosso próprio corpo voando, como voou o meu tantas vezes no espaço dos quintais entre os prédios da Rua Carrilho Videira, ora rasando os limoeiros e as nespereiras ora ganhando altura com um simples adejar dos braços e pairando por cima dos telhados. E não posso acreditar que Santo Antão tenha experimentado pavores como os meus, aquele pesadelo recorrente em que me via encerrado num quarto de forma triangular onde não havia móveis, nem portas, nem janelas, e a um canto dele "qualquer coisa" (chamo-lhe assim porque nunca consegui saber do que se tratava) que pouco a pouco ia aumentando de tamanho enquanto uma música soava, sempre a mesma, e tudo aquilo crescia e crescia até me fazer recuar para o último recanto, onde finalmente despertava, aflito, sufocado, coberto de suor, no tenebroso silêncio da noite. Nada de muito importante, dir-se-á. Terá sido então por essa razão que este livro mudou de nome e passou a chamar-se *As pequenas memórias*. Sim, as memórias pequenas de quando fui pequeno, simplesmente.

Prossigamos. A família Barata entrou na minha vida quando nos mudámos do prédio número 57 da Rua dos Cavaleiros para a Rua Fernão Lopes. Creio que no mês de Fevereiro de 1927 ainda estaríamos a viver na Mouraria, uma vez que conservo a recordação vivíssima de ouvir assobiar por cima do telhado os tiros de artilharia que eram disparados do Castelo de São Jorge contra os revoltosos acampados no Parque Eduardo VII. Uma linha reta que fosse traçada a partir da esplanada do castelo e tomasse como ponto intermédio de passagem o prédio em que morávamos iria topar infalivelmente com o tradicional posto de comando das insurreições militares lisboetas. Acertar ou não acertar no alvo já seria uma questão de pontaria e alça ajustada. Como a minha primeira escola foi a da Rua Martens Ferrão e a admissão ao ensino primário se fazia na idade de sete anos, devemos ter deixado a casa da Rua dos Cavaleiros um pouco antes de eu começar os estudos. (Há ainda uma outra hipótese a considerar, porventura mais consistente, que deixo registada antes de seguir adiante: a de não serem aqueles tiros da intentona revolucionária de 7 de Fevereiro de 1927, mas de uma outra, no ano seguinte. De facto, por muito cedo que eu tivesse começado a ir ao cinema — o Salão Lisboa acima referido, mais conhecido pelo nome de "Piolho", na Mouraria, ao lado do Arco do Marquês de Alegrete —, nunca tal poderia ter sucedido na tenra idade de cinco anos incompletos, que era quantos eu tinha em Fevereiro de 1927.) Das pessoas com quem dividíamos casa na Rua dos Cavaleiros só me lembro bem do filho do casal. Chamava-se Félix e com ele sofri uma das minhas piores assombrações noturnas, seguramente causadas, todas elas, pelas horripilantes fitas que então nos davam a ver e que hoje só dariam vontade de rir.

Os Baratas eram dois irmãos, um deles agente de polícia, como meu pai, mas pertencente a uma outra corporação a que chamavam de Investigação Criminal. Meu pai, que chegaria a subchefe uns quantos anos depois, era por essa altura um simples guarda da PSP, isto é, da Polícia de Segurança Pública, com serviço de rua ou à esquadra, consoante determinasse a escala, e, ao contrário do outro, que andava sempre à paisana, exibia no colarinho o seu número de matrícula, 567. Lembro-me dele com uma nitidez absoluta, como se, agora mesmo, estivesse a ver os algarismos de latão niquelado na gola dura do dólman, que assim era designado o casaco da farda, de cotim cinzento no Verão, de pano azul grosso no Inverno. O Barata da Polícia de Investigação Criminal chamava-se António, usava bigode e estava casado com uma Conceição por causa de quem, anos mais tarde, terá havido problemas, pois minha mãe suspeitou, ou teve prova suficiente, de certas intimidades entre o meu pai e ela, exageradas à luz de qualquer critério de apreciação, incluindo os mais tolerantes. Nunca cheguei a saber o que realmente se passou, falo apenas do que pude deduzir e imaginar de umas quantas meias palavras de desabafo materno, já na nova casa. Porque essa poderá ter sido a razão mais forte para nos termos mudado da Rua Padre Sena Freitas, onde as famílias viviam, para a Rua Carlos Ribeiro, uma e outra no bairro que então estava a ser construído na encosta que desce da Igreja da Penha de França até ao princípio do Vale Escuro. Foi da Rua Carlos Ribeiro, tinha eu vinte e dois anos, que saí para casar com a Ilda Reis.

Do outro irmão Barata lembro-me menos, mas, ainda assim, consigo vê-lo baixote, redondo, sobre o gordo. Se alguma vez soube em que trabalhava, esqueci-o. Creio que a mulher se chamava Emília e, se não me engano, o nome dele era José: estes nomes, assim como o da presunta leviana Conceição, soterrados durante anos e anos sob aluviões de olvido, ascenderam obedientes das profundezas da memória quando a necessidade os convocou, como uma boia de cortiça retida no fundo da água que de repente se tivesse desprendido da amálgama do lodo. Tinham dois filhos, a Domitília e o Leandro, ambos um pouco mais velhos do que eu, ambos com histórias para contar, e ela, graças sejam dadas à fortuna, com doces histórias para recordar. Comecemos pelo Leandro. Naquela altura o Leandro não parecia muito inteligente, para não dizer que o era bem pouco ou que não se esforçava por mostrá-lo. O tio António Barata não gastava saliva em circunlóquios, metáforas e rodeios, chamava-lhe burro diretamente, com todas as letras. Era a época em que todos aprendíamos pela *Cartilha maternal* de João de Deus, o qual, não obstante haver gozado em vida da merecida reputação de ser uma digna pessoa e um magnífico pedagogo, não tinha sabido ou não tinha querido fugir à sádica tentação de deixar cair ao longo das suas lições umas quantas armadilhas léxicas, ou então, com ingénuo desprendimento, não lhe passou pela cabeça que o pudessem vir a ser para alguns catecúmenos menos habilitados pela natureza para os mistérios da leitura. Lembro-me (morávamos, nesse tempo, na Rua Carrilho Videira, ali à Morais Soares) das tempestuosas preleções que o Leandro recebia do tio, que sempre terminavam em bofetadas (tal como sucedia com a palmatória, também conhecida como "menina-de-cinco-olhos", a bofetada era um instrumento indispensável aos métodos educativos vigentes) de cada vez que topavam com uma palavra abstrusa que o pobre moço, de lembrança minha, nunca conseguiu dizer corretamente. A aziaga palavra era "acelga", que ele pronunciava "a cega". Berrava-lhe o tio: "Acelga, meu burro, acelga!", e o Leandro, já à espera da estalada, repetia: "A cega". Nem a agressão de um nem a penosa angústia do outro valiam a pena, o pobre rapaz, ainda que o matassem, sempre haveria de dizer "a cega". O Leandro, claro está, era disléxico, mas esta palavra, embora presente nos dicionários, não constava da cartilha do nosso bom e querido João de Deus.

\* \* \*

Quanto à Domitília, fomos apanhados, um dia, ela e eu, metidos na mesma cama, a brincar ao que brincam os noivos, ativos, curiosos de tudo quanto no corpo existe para ser tocado, penetrado e remexido. Pergunto-me que idade teria nessa altura e creio que andaria pelos onze anos ou talvez um pouco menos (na verdade, é-me impossível precisar, pois morámos por duas vezes na Rua Carrilho Videira, na mesma casa). Os atrevidos (vá lá a saber-se qual de nós teve a ideia, ainda que o mais certo é que a iniciativa tenha partido de mim) apanharam umas palmadas no rabo, creio recordar que bastante pró-forma, sem demasiada força. Não duvido de que as três mulheres da casa, incluindo a minha mãe, se tivessem rido depois umas com as outras, às escondidas dos precoces pecadores que não tinham podido aguentar a longa espera do tempo próprio para tão íntimos descobrimentos. Lembro-me de estar na varanda das traseiras (um quinto andar altíssimo), de cócoras, com a cara metida entre os ferros, a chorar, enquanto a Domitília, na outra ponta, me acompanhava nas lágrimas. Mas não nos ficou de emenda. Uns anos depois, já eu morava no número 11 da Rua Padre Sena Freitas, ela foi visitar a tia Conceição, e o caso é que não havia ali tia nem tio, nem meus pais estavam em casa, graças ao que tivemos tempo de sobra para acercamentos e investigações que, embora não chegando a vias de facto, deixaram inapagáveis lembranças a um e a outro, ou pelo menos a mim, que ainda daqui a estou a ver, nua da cintura para baixo. Mais tarde, moravam já os dois Baratas na Praça do Chile, eu ia visitá-los com a mira posta na Domitília, mas, como então já éramos crescidos e estávamos habilitados para tudo, dificilmente podíamos ter um momento só para nós. Foi também na Rua Padre Sena Freitas que dormi (ou não dormi) parte de uma noite com uma prima (tinha o nome da minha mãe, Maria da Piedade, que além de ser sua tia, era também sua madrinha), um pouco mais velha que eu, deitados na mesma cama, ela da cabeceira para os pés, eu dos pés para a cabeceira. Precaução inútil das ingénuas mães. Enquanto elas retomavam na cozinha a conversa que não devíamos ouvir e que haviam interrompido para nos levarem à cama, onde com suas próprias e carinhosas mãos nos taparam e aconchegaram, nós, depois de alguns minutos de ansiosa espera, com o coração aos saltos, debaixo do lençol e da manta, às escuras, demos começo a uma minuciosa e mútua exploração táctil dos nossos corpos, com precipitação e ansiedade mais do que justificadas, mas também de uma maneira que foi não somente metódica mas também o mais instrutiva que estava ao nosso alcance chegar do ponto de vista anatómico. Recordo que o primeiro movimento da minha parte, a primeira abordagem, por assim dizer, levou o meu pé direito a tactear o púbis já florido da Piedade. Fingíamos dormir como dois anjos quando, ia adiantada a noite, a tia Maria Mogas, que estava casada com um irmão de meu pai chamado Francisco, a foi buscar à cama para regressarem a casa. Aqueles, sim, eram tempos de inocência.

Devemos ter vivido na Rua Padre Sena Freitas uns dois ou três anos. Quando principiou a guerra civil espanhola era aí que residíamos. A mudança para a Rua Carlos Ribeiro terá sido em 38, ou talvez mesmo em 37. Salvo que esta minha por enquanto ainda prestável memória deixe vir à superfície novas referências e novas datas, é-me difícil, para não dizer impossível, situar certos acontecimentos no tempo, mas tenho a certeza de que este que vou relatar é anterior ao princípio da guerra em Espanha. Havia por essas alturas um divertimento muito apreciado nas classes baixas, que cada um podia fabricar em sua própria casa (tive pouquíssimos brinquedos, e, mesmo esses, em geral de lata, comprados na rua, aos vendedores ambulantes), o qual divertimento consistia numa pequena tábua retangular em que se espetavam vinte e dois pregos, onze de cada lado, distribuídos como então se dispunham os jogadores no campo de futebol antes do aparecimento das táticas modernas, isto é, cinco à frente, que eram os avançados, três a seguir, que eram os médios, também chamados *halfs*, à inglesa, dois atrás, denominados defesas, ou *backs*, e finalmente o guarda-redes, ou *keeper*. Podia-se jogar com um berlinde pequeno, mas, de preferência, usava-se uma esferazinha de metal, das que se encontram nos rolamentos, a qual era alternadamente empurrada, de um lado e do outro, com uma pequena espátula, por entre os pregos, até ser introduzida na baliza (também havia balizas), e assim marcar golo. Com estes pobríssimos materiais divertia-se a gente, tanto miúda como graúda, e havia renhidos desafios e campeonatos. Observado a esta distância parecia, e talvez o tivesse sido por alguns momentos, a idade de ouro. Mas não o foi sempre, como já se vai ver. Um dia, estávamos na varanda das traseiras, meu pai e eu, a jogar (recordo que, nesse tempo, as famílias de escassas posses passavam a maior parte do tempo nas traseiras das casas, principalmente nas cozinhas), eu sentado no chão, ele num banquito de madeira, como então se usavam e eram tidos por imprescindíveis, sobretudo para as mulheres, que neles costuravam. Por trás de mim, de pé, a assistir ao jogo, estava o António Barata. Meu pai não era pessoa para deixar que o filho lhe ganhasse, e, por isso, implacável, aproveitando-se da minha pouca habilidade, ia marcando golos uns atrás dos outros. O tal Barata, como agente da Polícia de Investigação Criminal que era, deveria ter recebido treino mais que suficiente quanto aos diferentes modos de exercer uma eficaz pressão psicológica sobre os detidos ao seu cuidado, mas terá pensado naquela altura que podia aproveitar a ocasião para se exercitar um pouco mais. Com um pé tocava-me repetidamente por trás, enquanto ia dizendo: "Estás a perder, estás a perder". O garoto aguentou enquanto pôde o pai que o derrotava e o vizinho que o humilhava, mas, às tantas, desesperado, deu um soco (um soco, coitado dele, uma sacudidela de cachorrito) no pé do Barata, ao mesmo tempo que desabafava com as poucas palavras que em tais circunstâncias poderiam ser ditas sem ofender ninguém: "Esteja quieto!". Ainda a frase mal tinha terminado e já o pai vencedor lhe assentava duas bofetadas na cara que o atiraram de roldão no cimento da varanda. Por ter faltado ao respeito a uma pessoa crescida, claro está. Um e outro, o pai e o vizinho, ambos agentes da polícia e honestos zeladores da ordem pública, não perceberam nunca que haviam, eles, faltado ao respeito a uma pessoa que ainda teria de crescer muito para poder, finalmente, contar a triste história. A sua e a deles.

Daquela mesma varanda, tempos mais tarde, namorei uma rapariga de nome Deolinda, mais velha do que eu três ou quatro anos, que morava num prédio de uma rua paralela, a Travessa do Calado, cujas traseiras davam para as da minha casa. Há que esclarecer que namoro, o que então se chamava namoro, dos de requerimento formal e promessas mais ou menos para durar ("A menina quer namorar comigo?", "Pois sim, se são boas as suas intenções"), nunca o chegou a ser. Olhávamo-nos muito, fazíamos sinais, conversávamos de varanda para varanda por cima dos pátios intermédios e das cordas da roupa, mas nada de mais avançado em matéria de compromissos. Tímido, acanhado, como me estava no carácter, fui algumas vezes a casa dela (vivia, creio recordar, com uns avós), mas, ao mesmo tempo, decidido a tudo ou ao que calhasse. Um tudo que daria em nada. Ela era muito bonita, de rostinho redondo, mas, para meu desprazer, tinha os dentes estragados, e, além do mais, deveria pensar que eu era demasiado jovem para empenhar comigo os seus sentimentos. Divertia-se um pouco à falta de pretendente idóneo, mas, ou muito enganado ando desde então, tinha pena de que a diferença de idades se notasse tanto. Em certa altura desisti da empresa. Ela tinha o apelido de Bacalhau, e eu, pelos vistos já sensível aos sons e aos sentidos das palavras, não queria que mulher minha fosse pela vida carregando com o nome de Deolinda Bacalhau Saramago.

Contei noutro lugar como e porquê me chamo Saramago. Que esse Saramago não era um apelido do lado paterno, mas sim a alcunha por que a família era conhecida na aldeia. Que indo o meu pai a declarar no Registo Civil da Golegã o nascimento do seu segundo filho, sucedeu que o funcionário (chamava-se ele Silvino) estava bêbado (por despeito, disso o acusaria sempre meu pai), e que, sob os efeitos do álcool e sem que ninguém se tivesse apercebido da onomástica fraude, decidiu, por sua conta e risco, acrescentar Saramago ao lacónico José de Sousa que meu pai pretendia que eu fosse. E que, desta maneira, finalmente, graças a uma intervenção por todas as mostras divina, refiro-me, claro está, a Baco, deus do vinho e daqueles que se excedem a bebê-lo, não precisei de inventar um pseudónimo para, futuro havendo, assinar os meus livros. Sorte, grande sorte minha, foi não ter nascido em qualquer das famílias da Azinhaga que, naquele tempo e por muitos anos mais, tiveram de arrastar as obscenas alcunhas de Pichatada, Curroto e Caralhana. Entrei na vida marcado com este apelido de Saramago sem que a família o suspeitasse, e foi só aos sete anos, quando, para me matricular na instrução primária, foi necessário apresentar certidão de nascimento, que a verdade saiu nua do poço burocrático, com grande indignação de meu pai, a quem, desde que se tinha mudado para Lisboa, a alcunha desgostava. Mas o pior de tudo foi quando, chamando-se ele unicamente José de Sousa, como ver se podia nos seus papéis, a Lei, severa, desconfiada, quis saber por que bulas tinha ele então um filho cujo nome completo era José de Sousa Saramago. Assim intimado, e para que tudo ficasse no próprio, no são e no honesto, meu pai não teve outro remédio que proceder a uma nova inscrição do seu nome, passando a chamar--se, ele também, José de Sousa Saramago. Suponho que deverá ter sido este o único caso, na história da humanidade, em que foi o filho a dar o nome ao pai. Não nos serviu de muito, nem a nós nem a ela, porque meu pai, firme nas suas antipatias, sempre quis e conseguiu que o tratassem unicamente por Sousa.

Um dia, um vizinho nosso, digo vizinho por morar na mesma rua (era ainda a do Padre Sena Freitas), não porque nos conhecêssemos, homem novo, talvez de uns vinte e poucos anos, enlouqueceu. Dizia-se que se lhe tinha varrido o juízo de muito ler e muito estudar. Como Dom Quixote. Lembro-me da crise que lhe deu, a única de que fomos testemunhas oculares, porque depois não voltámos a saber nada dele, o mais provável foi terem--no internado em Rilhafoles, que era como o manicómio se chamava. De repente, começámos a ouvir de fora uns gritos aflitos, desgarradores, e corremos a uma janela, minha mãe, a Conceição e eu, a saber o que se passava. Ele morava no último andar de um prédio bastante mais alto que o nosso, no outro lado da rua e um pouco para a direita da casa em que vivíamos, um edifício que faz gaveto com a Rua Cesário Verde. Vimo-lo aparecer à janela, uma vez e outra, como se quisesse atirar-se dali abaixo, a prova é que imediatamente surgiam por trás umas mãos a puxá-lo, e ele debatia-se, gritava que era de cortar o coração, e repetia continuamente as mesmas palavras: "Ai, Santo Hilário! Ai, Santo Hilário!". Porquê aquele apelo a Santo Hilário foi o que nunca chegámos a saber. Às tantas apareceu uma ambulância, que devia ser dos bombeiros, meteram-no dentro e nunca mais voltou, pelo menos durante o tempo que ainda ali morámos.

Nessa altura eu já andava na Escola Industrial de Afonso Domingues, em Xabregas, depois dos dois breves anos que passei no Liceu Gil Vicente, então instalado no Convento de São Vicente de Fora. Rigorosamente, a cronologia dos meus escassos estudos é a seguinte: entrei para o liceu em 1933, ainda com dez anos (as aulas começavam em Outubro e o meu aniversário é em Novembro), estive lá nos anos letivos de 1933-1934 e 1934-1935, e fui para a Afonso Domingues quando ia fazer treze anos. Há que ter em conta que nas disciplinas técnicas, como Oficinas, Mecânica e Desenho de Máquinas, que obviamente não faziam parte do programa liceal, fiquei um ano atrasado na Afonso Domingues, isto é, entrei para o primeiro ano naquelas e para o segundo nas restantes. Foi esta, portanto, a sequência das minhas frequências escolares na escola industrial: 35-36, segundo e primeiro; 36-37, terceiro e segundo; 37-38, quarto e terceiro; 38-39, quinto e quarto; 39-40, quinto. A excursão ao Sameiro, a do cavalo que não quis despedir-se de mim, fez-se no final do ano letivo de 38-39, mas antes dos exames, e no decurso dela tive a pouca sorte de torcer o pé esquerdo ao dar um salto, com o resultado de uma racha no calcâneo que me obrigou a andar por mais de um mês com uma bota de ligaduras de gesso até ao joelho, a qual assentava no chão graças a um ferro curvo cujas pontas se embutiam no gesso e a que chamavam estribo. Essa bota de gesso foi festejadíssima com assinaturas, desenhos e gatafunhos dos colegas. Um deles teve até a ideia de que eu a poderia aproveitar como cábula para o exame escrito de Matemática: "Puxas a calça, e já está". Apesar de não ter seguido o conselho, saí aprovado.

Creio que a ocasião é boa para falar de um outro episódio relacionado com o meu aparecimento neste mundo. Como se já não fosse suficiente o delicado problema de identidade suscitado pelo apelido, um outro se lhe tinha vindo juntar, o do dia do nascimento. Na verdade, nasci no dia 16 de Novembro de 1922, às duas horas da tarde, e não no dia 18, como afirma a Conservatória do Registo Civil. Foi o caso que meu pai andava nessa altura a trabalhar fora da terra, longe, e, além de não ter estado presente no nascimento do filho, só pôde regressar a casa depois de 16 de Dezembro, o mais provável no dia 17, que foi domingo. É que então, e suponho que ainda hoje, a declaração de um nascimento deveria ser feita no prazo de trinta dias, sob pena de multa em caso de infração. Uma vez que naqueles tempos patriarcais, tratando-se de um filho legítimo, não passaria pela cabeça de ninguém que a participação fosse feita pela mãe ou por um parente qualquer, e tendo em conta que o pai era considerado oficialmente autor único do nascido (do meu boletim de matrícula no Liceu Gil Vicente só consta o nome do meu pai, não o da minha mãe), ficou-se à espera de que ele regressasse, e, para não ter de esportular a multa (qualquer quantia, mesmo pequena, seria excessiva para o bolso da família), adiantaram-se dois dias à data real do nascimento, e o caso ficou solucionado. Sendo a vida na Azinhaga o que era, penosa, difícil, os homens saíam muitas vezes a trabalhar fora durante semanas, por isso não devo ter sido nem o primeiro caso nem o último culpado destas pequenas fraudes. Em relação à data de nascimento que tenho no bilhete de identidade morrerei dois dias mais velho, mas espero que a diferença não se note demasiado.

No lado direito do mesmo andar (ainda não saímos da Rua Padre Sena Freitas) morava uma família composta de marido e mulher, mais o filho de ambos. Ele era pintor numa fábrica de cerâmica, a Viúva Lamego, ali ao Intendente. A mulher era espanhola, não sei de que parte de Espanha, chamava-se Carmen, e o filho, um garotito louro, teria, por esta altura, uns três anos (é assim que eu o recordo, como se nunca tivesse crescido durante o tempo que ali vivemos). Éramos bons amigos, esse pintor e eu, o que deverá parecer surpreendente, uma vez que se tratava de um adulto, com uma profissão fora do comum no meu minúsculo mundo de relações, enquanto eu não passava de um adolescente desajeitado, cheio de dúvidas e certezas, mas tão pouco consciente de umas como das outras. O apelido dele era Chaves, do nome próprio não me lembro, ou nunca o cheguei a saber, para mim foi sempre, e apenas, o Senhor Chaves. Para adiantar trabalho ou talvez para cobrar horas extraordinárias, ele fazia serão em casa, e era nessas alturas que eu o ia visitar. Batia à porta, abria-ma a mulher, sempre ríspida e que mal me dava atenção, e eu passava à pequena sala de jantar onde, a um canto, iluminado por um candeeiro de bicha, se encontrava o torno de oleiro com que ele trabalhava. O banco alto em que eu devia sentar-me já lá estava, à minha espera. Eu gostava de o ver pintar os barros, cobertos de vidrado por fundir, com uma tinta quase cinzenta que, depois da cozedura, se transformaria no conhecido tom azul deste tipo de cerâmica. Enquanto as flores, as volutas, os arabescos, os encordoados iam aparecendo sob os pincéis, conversávamos. Embora eu fosse novo e a minha experiência da vida a que se pode imaginar, intuía que aquele homem sensível e delicado se sentia só. Hoje tenho a certeza disso. Continuei a frequentar-lhe a casa mesmo depois de a minha família se ter mudado para a Rua Carlos Ribeiro, e um dia levei-lhe uma quadra ao jeito popular que ele pintou num pratinho em forma de coração e cuja destinatária seria a Ilda Reis, a quem começara a namorar. Se a memória não me falha, terá sido esta a minha primeira "composição poética", um tanto tardia, diga-se em abono da verdade, se pensarmos que eu ia a caminho dos dezoito anos, se não os havia cumprido já. Fui felicitadíssimo pelo amigo Chaves, que era de opinião que deveria apresentar-me a uns jogos florais, esses deliciosos certames poéticos, então muito em voga, que só a ingenuidade salvava do ridículo. O produto do meu estro rezava assim: "Cautela, que ninguém ouça/ O segredo que te digo:/ Dou-te um coração de louça/ Porque o meu anda contigo". Reconheça-se que eu teria merecido, pelo menos, pelo menos, a violeta de prata...

O casal não parecia dar-se bem, a espanhola, antipática, achava detestável tudo quanto lhe cheirasse a Portugal. Enquanto ele era pacientíssimo, fino, de discretas e medidas falas, ela pertencia ao tipo guarda civil, áspera, grande e larga, com uma língua de trapos que destroçava sem piedade a língua de Camões. Isso ainda seria o menos, se não fora a agressividade do seu carácter. Foi em casa deles que comecei a ouvir a Rádio Sevilha depois de a guerra civil ter começado. Curiosamente, nunca cheguei a saber ao certo de que lado da contenda estavam, sobretudo ela, sendo espanhola. Suspeito, porém, que Doña Carmen se tinha bandeado com Franco desde a primeira hora... Ouvindo a Rádio Sevilha, criei na minha cabeça uma confusão de todos os diabos que se manteve durante largo tempo. Saía então na rádio o general Queipo de Llano com as suas charlas políticas, das quais, escusado será dizer, não recordo nem uma palavra. O que sim me ficou para sempre na memória foi o anúncio que vinha logo a seguir, e era assim: "Oh que lindos colores, tintas Revi son las mejores". Não teria o caso nada de especial se eu não me tivesse convencido de que era o próprio Queipo de Llano que, terminada a charla política, recitava o festivo anúncio. Faltava isto à "pequena história" da guerra civil de Espanha. Com perdão da futilidade. Mais sério foi eu ter deitado para o lixo, poucos meses depois, o mapa de Espanha em que vinha espetando alfinetes de cores para marcar os avanços e recuos dos exércitos de um lado e do outro. Escusado será dizer que a minha única fonte informativa só podia ser a censurada imprensa portuguesa, e essa, tal como a Rádio Sevilha, jamais daria notícia de uma vitória republicana.

Na verdade, eu também tive os meus toques de dislexia, ou algo que se lhe parecia, não foi só o Leandro. Por exemplo, embirrei que a palavra sacerdote deveria ler-se saquerdote, mas como, ao mesmo tempo, suspeitava que devia estar enganado, se a tinha de pronunciar (tratando-se de termo tão "erudito" esses casos não podem ter sido muitos, ainda que menos seriam hoje, quando os sacerdotes são tão poucos), arranjava-me de maneira a que se percebesse mal o que dizia para que não tivessem de corrigir-me. Devo ter sido eu quem inventou o chamado benefício da dúvida. Ao cabo de algum tempo consegui resolver a dificuldade com os meus próprios meios e a palavra passou a sair-me direitinha da boca. Uma outra que me vinha retorcida (isto são histórias da época da escola primária) era a palavra sacavenense. Além de designar um natural de Sacavém, povoação hoje engolida pelo dragão insaciável em que

Lisboa se tornou, era também o nome de um clube de futebol que não sei se terá conseguido sobreviver aos atropelos do tempo e aos purgatórios das segundas e terceiras divisões. E como a pronunciava eu então? De forma absolutamente chocante que escandalizava quem me ouvia: sacanavense. Ainda recordo o meu alívio quando fui capaz, finalmente, de inverter as posições das mal-educadas sílabas.

Tenho de voltar uma vez mais à Rua dos Cavaleiros. As traseiras da casa em que vivíamos davam para a Rua da Guia, em tempos outros chamada Rua Suja, onde ia desembocar a célebre Rua do Capelão, presença fatal, inevitável, em letras de fado e recordações da Maria Severa e do Marquês de Marialva, acompanhadas à guitarra e a copos de aguardente. Tinham vista para o castelo, daí me vem a lembrança dos tiros de artilharia que, disparados lá de cima, nos passavam, assobiando, sobre o telhado. Morávamos no último andar (vivemos quase sempre em últimos andares porque o aluguer era mais barato), num quarto com serventia de cozinha, como então os anúncios informavam. De casa de banho não se falava simplesmente porque tais luxos não existiam, uma pia a um canto da cozinha, por assim dizer a céu aberto, servia para todo o tipo de despejos, tanto dos sólidos como dos líquidos. No *Manual de pintura e caligrafia* escrevo, em certo momento, sobre as mulheres que levavam para despejar na dita pia, cobertos por um pano, em geral branco, imaculado, os vasos receptores das dejeções noturnas e diurnas, também chamados bacios ou penicos, esta última voz, em todo o caso, raramente usada, talvez porque o plebeísmo excedesse os limites da tolerância vocabular das famílias. Bacio era mais fino. Esta casa da Rua dos Cavaleiros, com a sua escada estreita e empinada, está ligada ao meu tempo dos pesadelos sonhados a dormir ou de olhos abertos, pois bastava que a noite chegasse e os recantos começassem a encher-se de sombras para que de cada um deles um monstro estendesse as garras na minha direção, aterrorizando-me com diabólicas caretas. Lembro-me de dormir no chão, no quarto dos meus pais (único, aliás, como já disse), e dali os chamar a tremer de medo porque debaixo da cama, ou num capote dependurado do cabide, ou na forma distorcida de uma cómoda ou de uma cadeira, seres indescritíveis se moviam e ameaçavam saltar sobre mim para devorar-me. A responsabilidade de tais pavores, creio, teve-a aquele famoso Cinema "Piolho", na Mouraria, onde, com o meu amigo Félix, me alimentei espiritualmente das mil caras de Lon Chaney, de gente malvada e cínicos da pior espécie, de visões de fantasmas, de magias sobrenaturais, de torres malditas, de subterrâneos lôbregos, enfim, de toda a parafernália, então ainda no jardim da infância, do susto individual e coletivo a baixo preço. Numa dessas fitas, em certa altura, romanticamente sentado numa varanda e, pela expressão da cara, a cismar na mulher amada, aparecia o galã da história (era assim que se dizia na época, mas nós, os do "Piolho", chamávamos-lhe, sem cerimónias, o rapaz), com o antebraço direito descansando sobre um murete, por trás do qual, após um momento de expectativa, começou a subir, tenebrosamente encarapuçado e com medonha lentidão, um leproso que assentou uma das mãos carcomidas pela doença sobre a mão alvíssima do ator, o qual, ato contínuo, ali mesmo e à nossa vista, contraiu, na pessoa da personagem, o mal de Hansen. Nunca, em toda a história das enfermidades humanas, se haverá dado um caso de contágio tão rápido. O resultado de um tal horror foi que, nessa noite, dormindo eu na mesma cama que o Félix (não sei por que razão, uma vez que não era costume), acordei a altas horas e vi no meio do quarto, também casa de jantar da outra família, o leproso da fita, exatamente como nos tinha aparecido, todo de negro, com um capuz em bico e um bordão que lhe chegava à altura da cabeça. Sacudi o Félix, que dormia, e sussurrei-lhe ao ouvido: "Olha, olha para ali". O Félix olhou e, explique-o agora quem puder, viu exatamente aquilo que eu estava a ver, isto é, o leproso. Apavorados, enfiámos a cabeça debaixo da roupa e assim ficámos por muito tempo, asfixiando de medo e falta de ar, até que nos atrevemos a espreitar por cima da dobra do lençol para verificar, com infinito alívio, que a pobre criatura se havia ido embora. No final da fita, o rapaz curava-se pela virtude da fé que o tinha levado a banhar-se na gruta de Lourdes, de onde, tendo entrado manchado, saiu limpo para os braços da ingénua, ou rapariga, como com igual desrespeito lhe chamávamos. Estes terrores acabaram-se com a mudança para a Rua Fernão Lopes, onde um novo medo, o dos cães, estava à minha espera. A casa da Rua dos Cavaleiros era esconsa, como o viria a ser também a da Rua Fernão Lopes. Olhando do nosso andar, na parte das traseiras, o prédio parecia-me altíssimo, e mais tarde, mesmo sendo eu já adulto, muitas vezes sonhei que caía lá de cima, embora este verbo cair não deva ser entendido na sua plena literalidade, isto é, no sentido de queda desamparada, pois o que realmente sucedia era que eu me deixava descer, roçando devagarinho pelas varandas dos andares de baixo, pela roupa estendida, pelos vasos de flores, até pousar suavemente nas pedras da Rua da Guia, intacto. Uma lembrança muito viva desses dias é a de ir, a mando da minha mãe, comprar sal à mercearia em frente e, depois, enquanto subia a escada, abrir o cartucho e meter na boca alguns cristais que, ao derreter-se, me sabiam a algo ao mesmo tempo estranho e familiar. É também desse tempo o descobrimento do mais primitivo dos refrescos que já me passaram pela garganta: uma mistura de água, vinagre e açúcar, a mesma que viria a servir-me, com exceção do açúcar, para, no meu *Evangelho*, matar a última sede de Jesus Cristo. Foi também nesse tempo que me iniciei nas habilidades do desenho "artístico". Aprendi a desenhar uma cegonha e um transatlântico sempre com os mesmos traços, uma perfeição repetida uma e muitas vezes, que, não sei se por causa disso mesmo, acabou por me enfastiar. A partir daí fiquei incapaz de desenhar fosse o que fosse, salvo, por obrigação, as peças de motor com que tive de haver-me anos depois na Escola Industrial de Afonso Domingues (desenhar em corte um carburador de automóvel, por exemplo, era tarefa muito mais adequada à perspicácia de um Sherlock Holmes que à limitada capacidade dedutiva de um rapaz de catorze anos). Quem me ensinou a habilidade do transatlântico e da cegonha foi o pai do Félix, que tinha, agora mesmo me veio à lembrança, ideias muito precisas sobre os melhores métodos de pedagogia aplicada: atava o tornozelo do filho ao pé da mesa com uma linha de coser, e ali o deixava ficar todo o tempo necessário ao cumprimento integral dos deveres escolares. Eu ainda não ia à escola. Acompanhava o Félix na sua vergonha e pensava se um dia me fariam o mesmo.

Nem tudo foram sustos nas salas de cinema aonde o garoto de calções e cabelo cortado à escovinha podia entrar. Havia também fitas cómicas, em geral curtas, com o Charlot, o Pamplinas, o Bucha e o Estica, mas os atores de quem eu mais gostava eram o Pat e o Patachon, que hoje parece terem caído em absoluto esquecimento. Ninguém escreve sobre eles e os filmes não aparecem na televisão. Vi-os sobretudo no Cinema Animatógrafo, na Rua do Arco do Bandeira, aonde ia de vez em quando, e recordo quanto me ri numa fita em que eles (estou a vê-los neste momento) faziam de moleiros. Muito mais tarde viria a saber que eram dinamarqueses e que se chamavam, o alto e magro, Carl Schenstrom, o baixo e gordo, Harold Madsen. Com estas características físicas era certo e sabido que chegaria o dia em que teriam de interpretar Dom Quixote e Sancho Pança, respectivamente. Esse dia chegou em 1926, mas eu não vi a fita. De quem eu não gostava mesmo nada era do Harold Lloyd. E continuo a não gostar.

Ainda não falei dos meus avós paternos. Como costumava dizer o poeta Murilo Mendes do inferno, existir, existiam, mas não funcionavam. Ele chamava-se João de Sousa, ela, Carolina da Conceição, e para carinhosos faltava-lhes tudo, embora, verdade seja, tenham sido pouquíssimas as ocasiões que tivemos, eles e eu, para averiguar até que ponto poderiam chegar as nossas mútuas disposições quanto a permutas de afecto. Via-os raras vezes, e a secura que cria encontrar em um e em outro intimidava-me. Um conjunto de circunstâncias que, obviamente, não esteve na minha mão favorecer ou contrariar, levaram a que, de uma forma natural, espontânea, o meu porto de abrigo na Azinhaga tivesse sido sempre a casa dos meus avós maternos, mais a da tia Maria Elvira, no Mouchão de Baixo. A avó Carolina, de todos os modos, nunca foi de expansões, por exemplo, não me lembro de que alguma vez me tivesse dado um beijo, e se me beijou foi com a boca dura, como uma bicada (a diferença percebe-se facilmente), que, digo eu, para beijar-me assim, melhor seria que não o tivesse feito. Quem não apreciava nada esta preferência incondicional pelos avós maternos era o meu pai, que, um dia, tendo eu dito "os meus avós", referindo-me aos pais da minha mãe, corrigiu secamente, sem se dar ao trabalho de disfarçar o despeito: "Tens outros". Que lhe havia eu de fazer? Fingir um amor que não sentia? Os sentimentos não se governam, não são coisas de tirar e pôr de acordo com as conveniências do momento, menos ainda se, pela idade, é um coração desprevenido e isento o que levamos dentro do peito. A avó Carolina morreu quando eu tinha dez anos. Minha mãe apareceu uma manhã na escola do Largo do Leão com a infausta novidade. Ia buscar-me, não sei se em virtude de algum preceito de conduta social de que eu não tinha conhecimento, mas que, pelos vistos, obrigava ao recolhimento imediato dos netos em caso de defunção dos avós. Lembro-me de ter olhado nesse momento o relógio de parede que havia na sala de entrada, por cima de uma porta, e, como alguém que conscientemente trata de recolher informações que poderão vir a ser-lhe úteis no futuro, pensei que deveria fixar a hora. Creio recordar que eram dez horas e alguns minutos. Afinal, o tal meu desprevenido e isento coração infantil havia decidido representar um papel: o do frio observador que subordina a emoção ao registo objetivo dos factos. A prova de que assim era foi-me dada por um segundo pensamento ainda menos isento e desprevenido, o de que me ficaria bem verter uma ou duas lágrimas para não fazer figura de neto sem sentimentos aos olhos da minha mãe e do diretor da escola, o Senhor Vairinho. Do que me lembro muito bem é de ter a avó Carolina estado doente em nossa casa durante um tempo. A cama em que jazia era a dos meus pais, onde teriam eles ficado durante esses dias não tenho a menor ideia. No que a mim diz respeito, dormia na outra divisão da parte de casa que ocupávamos, no chão e com as baratas (não estou a inventar nada, de noite passavam-me por cima). Recordo ouvir repetidamente aos meus pais uma palavra que nessa altura julguei designar a doença de que a avó padecia: albumina, que tinha albumina (suponho agora que sofreria de albuminúria, o que, vendo bem, não faz grande diferença, porquanto só quem tenha albumina poderá ter albuminúria). Minha mãe punha-lhe parches de vinagre aquecido, não sei para quê. Durante muito tempo, o cheiro de vinagre quente esteve associado na minha memória à avó Carolina.

Às vezes pergunto-me se certas recordações são realmente minhas, se não serão mais do que lembranças alheias de episódios de que eu tivesse sido ator inconsciente e dos quais só mais tarde vim a ter conhecimento por me terem sido narrados por pessoas que neles houvessem estado presentes, se é que não falariam, também elas, por terem ouvido contar a outras pessoas. Não é esse o caso daquela escolinha particular, num quarto ou quinto andar da Rua Morais Soares, onde, antes de termos ido viver para a Rua dos Cavaleiros, eu comecei a aprender as primeiras letras. Sentado numa cadeirinha baixa, desenhava-as lenta e aplicadamente na pedra, que era o nome que então se dava à ardósia, palavra demasiado pretensiosa para sair com naturalidade da boca de uma criança e que talvez nem sequer conhecesse ainda. É uma recordação própria, pessoal, nítida como um quadro, a que não falta a sacola em que acomodava as minhas coisas, de serapilheira castanha, com um barbante para levar a tiracolo. Escrevia-se na ardósia com um lápis de lousa que se vendia em duas qualidades nas papelarias, uma, a mais barata, dura como a pedra em que se escrevia, ao passo que a outra, mais cara, era branda, macia, e chamávamos-lhe "de leite" por causa da sua cor, um cinzento-claro, tirando a leitoso, precisamente. Só depois de ter entrado no ensino oficial, e não foi nos primeiros meses, é que os meus dedos puderam, finalmente, tocar essa pequena maravilha das técnicas de escrita mais atualizadas.

Não sei como o perceberão as crianças de agora, mas, naquelas épocas remotas, para as infâncias que fomos, o tempo aparecia-nos como feito de uma espécie particular de horas, todas lentas, arrastadas, intermináveis. Tiveram de passar alguns anos para que começássemos a compreender, já sem remédio, que cada uma tinha apenas sessenta minutos, e, mais tarde ainda, teríamos a certeza de que todos estes, sem exceção, acabavam ao fim de sessenta segundos...

Do tempo em que vivemos na Rua Sabino de Sousa, ao Alto do Pina, era a fotografia (infelizmente desaparecida) em que eu estava com a minha mãe à porta de uma mercearia, ela sentada num banco, eu de pé, apoiado nos seus joelhos, tendo ao lado um saco de batatas com um letreiro de papel pintado à mão, como então e por muitos anos ainda se continuaria a usar nas tendas de bairro, informando o freguês do preço do produto antes mesmo de que ele entrasse na loja: $50, ou cinco tostões, o quilo. Pelo meu aspecto, devia ter uns três anos e teria sido esse o meu retrato mais antigo. Do Francisco, aquele irmão que morreu de broncopneumonia aos quatro anos de idade, em Dezembro de 1924, conservo uma fotografia de quando ainda era bebé. Algumas vezes pensei que poderia dizer que o retrato era meu e dessa maneira enriquecer a minha iconografia pessoal, mas nunca o fiz. E seria a coisa mais fácil do mundo, uma vez que, mortos os meus pais, já não haveria ninguém para me desmentir, porém, roubar a imagem a quem já havia perdido a vida pareceu-me uma imperdoável falta de respeito, uma indignidade sem desculpa. A César, pois, o que é de César, a Francisco o que só a Francisco podia pertencer.

Regresso à família da aldeia. Dizia-se que o avô Jerónimo tinha sido posto na roda da Misericórdia de Santarém, e sobre isto não há que duvidar, porquanto a própria avó Josefa me falou algumas vezes do caso, sem outros pormenores, que ela talvez não conhecesse ou preferisse calar. Sobre as circunstâncias do nascimento e vida da irmã dele, a malquista tia-avó Beatriz, ainda fiquei a saber menos. Mencioná-la era como falar de corda em casa de enforcado. A questão mais intrigante de todas aparece na certidão de nascimento de minha mãe, onde se declara que era neta de avô incógnito e de Beatriz Maria. Quem teria sido esta mulher? Não tenho a menor ideia, mas a coincidência do nome, se tal fosse necessário, seria mais um elemento a dizer-me que a mãe de Jerónimo tinha sido também a mãe da Beatriz que vivia na casa ao lado. Uma certidão de nascimento da tia-avó Beatriz, se a tivesse, aclararia de vez o caso. Mas há ainda um outro aspecto estranho em toda esta história. Porquê aparece como incógnito alguém que vivia na aldeia e ali havia dado razões mais que de sobra para ser conhecido? Está claro que a mãe do meu avô

Jerónimo não quis ou não podia ficar com o filho, e por isso o mandou pôr na roda dos expostos, mas continuarei sem saber o que se passou com a filha Beatriz. Também teria sido exposta? Pelos vistos, aquele famoso bisavô berbere (mouro é que devia ser), cuja fama de arrasa- -corações e arranca-pinheiros, graças às confidências da avó Josefa, ainda chegou aos meus ouvidos, terá engravidado duas vezes a bisavó Beatriz Maria, a não ser que, e isso simplificaria tudo, não obstante as evidentes diferenças entre ambos, alto, ele, baixinha, ela, os dois irmãos fossem gémeos. O que nunca enganou ninguém foi a parecença, o ar de família (tez morena, feições vincadas, olhos pequenos e estreitos) que reunia, numa espécie de tribo reconhecível à légua, o avô Jerónimo e a irmã, a minha mãe e todos os seus irmãos: Maria Elvira, Carlos, Manuel, Maria da Luz. A cepa masculina que os deu não era daquelas paragens ribatejanas. Ao contrário do que alguém possa ter pensado, o bisavô mouro, de quem parece não ter ficado o menor sinal escrito da sua passagem pela Azinhaga, não foi uma romântica invenção minha para enfeitar a modestíssima árvore genealógica da família, mas uma confirmada realidade genética. Vivia fora da aldeia, numa barraca entre salgueiros, e tinha dois cães enormes que assustavam os visitantes olhando-os em silêncio, sem ladrar, e não deixavam de olhar até que eles se retirassem. Um desses visitantes, disse-me a avó Josefa, foi morto e enterrado ali mesmo. Tinha ido pedir explicações ao mouro por lhe ter seduzido (palavra fina) a mulher e recebeu a descarga da caçadeira em cheio no peito. Não consta que o assassino tivesse sido julgado pelo seu crime. Quem foi este homem?

\* \* \*

Realidade também, e das duríssimas, foi aquele trambolhão que dei na Avenida Casal Ribeiro, ali ao lado da Rua Fernão Lopes, em dias que deveriam ser propícios tanto à caridade humana como à benevolência celestial, pois era por ocasião do Santo António, defensor das causas justas e protetor por excelência dos olvidados, onde quer que se encontrem. A não ser (hipótese a considerar) que a bruta queda tenha sido consequência de uma mesquinha vingança da santa personagem quando percebeu que o tostãozinho que eu andava a pedir aos transeuntes se destinava à compra de rebuçados e subsequente satisfação do pecado da gula, e não ao culto do altarzinho armado à entrada da porta do prédio, chamariz para as boas almas, piedosas ou laicas. Foi o lamentável caso de que andava eu, em competição com colegas da vizinhança, a entoar a ladainha de sempre: "Um tostãozinho para o Santo António, um tostãozinho para o Santo António", quando vejo passar no outro lado da Avenida Casal Ribeiro um senhor de avançada idade, trajado de escuro, de chapéu e bengala, como não era raro encontrar-se pelas ruas de Lisboa naqueles primitivos tempos. Vê-lo e largar a correr para me antecipar a uma ofensiva dos concorrentes que andavam na mesma safra, foi obra de um santiámen. A avenida estava em obras, o pavimento tinha sido levantado (creio que andavam a substituir por alcatrão as velhas pedras irregulares de basalto), e o que havia no chão era uma brita grossa capaz de esfolar um crocodilo. Aí tropecei, aí caí, aí deitei abaixo um joelho, e quando por fim consegui levantar-me, já com o sangue a escorrer-me pela perna abaixo, o senhor de idade olhou para mim, fez cara de fingida pena e continuou o seu passeio, talvez a pensar nos netos queridos, tão diferentes destes rapazes da rua sem educação. A chorar por causa das dores no joelho, mas também por causa da humilhação que tinha sido ir cair aos pés de uma pessoa que não havia feito o menor gesto para me ajudar a levantar, lá me arrastei até casa, onde minha mãe me curou com a inevitável tintura de iodo e uma ligadura apertadíssima que durante uns dias me deixou sem serventia as dobradiças do joelho. É bem possível, agora que o estou pensando, que o penoso sucesso tivesse sido a causa de haver abandonado pelo caminho a minha incipiente educação religiosa. Morava no mesmo prédio, salvo erro no segundo andar esquerdo, uma família muito católica (pai, mãe, filho e filha), e a senhora da casa convenceu a Senhora Piedade a permitir que me iniciassem nos segredos da igreja em geral e da eucaristia em particular. Em suma, queriam levar-me à missa. Minha mãe disse sim minha senhora, agradeceu a atenção que os simpáticos e distintos vizinhos estavam a dar ao filho, mas, conhecendo-a como depois a conheci, cética por indiferença, salvo nos últimos tempos de vida quando, já viúva, passou a frequentar a igreja com as amigas do bairro, calculo que o consentimento foi dado com o mesmo empenho com que me teria deixado ir à praia com aqueles ou outros vizinhos. O problema que tenho para resolver agora é se isto sucedeu antes ou depois da queda. Fosse como fosse, e apesar de me sentarem com eles no banco da frente, a minha assistência à igreja, uma ou duas vezes, não havia prometido muito. Quando o sacristão tocava a sineta e os fiéis baixavam obedientes a cabeça, não resisti a torcer ligeiramente o pescoço e espreitar com dissímulo para ver o que é que se estaria a passar ali que não devesse ser visto. Voltando ao problema, à queda, se ela sucedeu antes significa que quando me levaram à missa eu já iria de pé atrás, decepcionado com um santo e disposto a acreditar que todos os outros eram iguais. Se foi depois que aconteceu, então o estatelamento podia ser entendido como um castigo pelo meu abandono do reto caminho que deveria levar-me ao paraíso, hipótese em que Deus se teria portado vergonhosamente, como um intolerante de marca maior que se pagava à bruta de uma pequena desfeita, sem ter em conta os meus poucos anos de aprendiz de pagão. Nunca o saberei. Não devo esquecer, porém, que, ao menos uma vez, as potestades celestes velaram por mim e por dois companheiros meus também residentes na Rua Fernão Lopes. Tinha encontrado em casa, já não me lembro como, um cartucho de caça que levei para mostrar aos amigos, e não só para mostrar, pois, tremendo de excitação, como conspiradores, reunimo-nos numa escada próxima e abrimo-lo para extrair o que havia dentro, a pólvora e os grãos de chumbo. Sentados nos degraus de pedra da entrada, rodeávamos o montinho de pólvora para ver o que aconteceria se lhe chegássemos um fósforo. A deflagração foi modesta, mas suficiente para que apanhássemos um susto. E se não ficámos com a cara ou as mãos queimadas foi certamente porque Santo António, ou um dos seus muitos colegas do empíreo,

interpôs entre nós e a explosão a sua mão taumatúr-
gica e providencial. Assim como assim, antes a ferida do
joelho.

Quando me lembrei de descrever o episódio da
queda na Avenida Casal Ribeiro tinha em mente uma
fotografia em que estou com a minha tia Maria Natália,
tirada por um fotógrafo à la minuta no Parque Eduardo
VII, aonde aos domingos, infalivelmente, iam passear
as criadas de servir de todas as casas ricas e os magalas
de todos os quartéis de Lisboa. Nessa fotografia, que
se perdeu como tantas outras, estava de blusa e calções,
com as meias pretas subidas até ao joelho, seguras por
um elástico branco. Uma regra fundamental da arte
de bem-vestir mandava enrolar uma parte do canhão
da meia para que não se notassem as ligas, mas, pelos
vistos, eu ainda não tinha sido instruído nesses requin-
tados pormenores da vida social. Percebia-se distintamente a crosta de uma ferida no joelho esquerdo, mas
esta não era a da Avenida Casal Ribeiro. Aconteceria
uns anos mais tarde, na cerca do Liceu Gil Vicente, e
foi tratada no posto médico. Puseram-me o que então
se chamava um "gato", um pedacinho de chapa metá-
lica, mais ou menos em forma de pinça, que se cravava
nos bordos da ferida para os juntar, e, pelo contacto,
apressar a cicatrização. A marca manteve-se visível
durante muitos anos, e mesmo agora ainda se podem
distinguir uns ténues vestígios dela. Outra cicatriz que
conservo é a da fina linha de um corte de navalha, um
dia lá no Mouchão de Baixo, quando talhava um barco

num pedaço de cortiça. Espetava a ponta da lâmina para arrancar pedaços da corcha ao que viria a ser o interior da embarcação, quando, de repente, por fraqueza da mola, a navalha se fechou e o gume abriu caminho naquilo que encontrou à sua frente, a parte exterior do dedo indicador da mão direita, ao lado da unha. Por pouco não me levou adiante uma lasca de carne. Fui curado com um dos remédios milagrosos daquela época, álcool com balsamina. A ferida não infectou e cicatrizou perfeitamente. A tia Maria Elvira dizia que eu era de boa carnadura.

Em casa dos Senhores Formigais (quando se falava deles empregava-se sempre o plural) é que estava a servir como criada de dentro a minha tia Maria Natália (havia também a criada de fora, que era a que saía à rua para fazer compras ou por outros deveres no exterior). Lembro-me de estar uma manhã (teria ido recolher a tia para o passeio dominical, semana sim, semana não?) na cozinha da casa (porque nunca tinha visto nada igual fascinavam-me o fogão negro, as portinholas de diferentes tamanhos com as suas molduras de reluzente cobre, a caldeira onde sempre havia água quente) e aparecer ali o velho Senhor Formigal, acompanhado pela esposa, a Dona Albertina, igualmente avançada nos anos, mas muito bem parecida. A cozinheira e as duas criadas, a de dentro e a de fora, fizeram a vénia e alinharam-se a um lado, à espera de ordens, mas o Senhor Formigal, que usava pera e bigode, branquíssimos como o cabelo, viera só para observar (por gentileza, não que ele fosse médico ou enfermeiro) o joelho que eu havia escalavrado na Avenida Casal Ribeiro. Olhou-me com ar condescendente, protetor, e perguntou: "Então, feriste a rótula?". Nunca mais me esqueci da frase. O que eu tinha realmente ferido não era a rótula, mas o joelho, porém, ele devia ter pensado que esta palavra era demasiado vulgar, indigna da sua pessoa. Baixei os olhos para o maltratado engonço, e só fui capaz de dizer: "Sim senhor". Fez-me uma festa na cara e foi-se embora, levando atrás de si a Dona Albertina. A tia Maria Natália impava de orgulho, a cozinheira e a criada de fora olhavam-me como se uma auréola celestial rodeasse a minha cabeça, como se no insignificante sobrinho da criada de dentro tivessem desabrochado de repente méritos e valores até aí desconhecidos, mas que a cuidada e branca mão do Senhor Formigal, ao roçar-me de leve a face e o cabelo cortado curto, obrigara finalmente a florescer. Os Senhores Formigais iam sair, provavelmente para a missa, mas a Dona Albertina ainda voltou à cozinha. Trazia um cartuchinho de pastilhas de chocolate: "Toma, são para ti, que te façam bem ao joelho", disse, e foi-se embora, deixando um rasto de cheiro a pó de arroz e a rótula no seu lugar. Não sei se foi dessa vez que a minha tia me levou a ver o quarto dos senhores, creio que não. Era pomposo, solene, quase eclesiástico, todo adornado de panejamentos vermelhos, o dossel do leito, a colcha, os almofadões, os cortinados, as tapeçarias das cadeiras: "É tudo damasco do melhor, do mais rico", informou a tia, e quando eu lhe perguntei por que tinha aquele sofá aos pés da cama a forma de um S, respondeu: "Aquilo é uma conversadeira, o senhor senta-se num lado, a senhora senta-se no outro, e assim podem conversar sem terem de virar a cabeça para se olharem, é muito prático". Estando nós ali, teria gostado de experimentar, mas a tia Maria Natália nem sequer me deixou passar do limiar da porta. Pior sorte tivemos depois, eu e as pastilhas de chocolate. Antes de sair da casa dos Senhores Formigais mastiguei umas poucas que me deixaram na boca um sabor antecipado de paraíso, porém a tia Maria Natália foi clara e terminante: "Não comas mais, que te podem fazer mal", e eu, bom menino como sempre, obedeci. Como não tenho lembrança de andar a passear pelo Parque Eduardo VII com um cartucho de pastilhas de chocolate na mão e ainda por cima proibido de lhes meter o dente, devemos ter ido diretamente dali para a Rua Fernão Lopes, onde a minha tia me deixou depois de ter narrado, posso imaginar com que luxo de pormenores, o episódio da cozinha, os mimos feitos ao sobrinho, o afago do Senhor Formigal, e estas pastilhas de chocolate deu-lhas a senhora, que boa é a senhora. A noite chegou, e, como nesse tempo, sem rádio para ouvir as cantigas das revistas, ainda nos deitávamos com as galinhas, não tardou muito que minha mãe me mandasse para a cama. Meus pais e eu dormíamos no mesmo quarto, eles na sua cama de casal, eu num pequeno divã, a bem dizer um catre, por baixo da parte esconsa da água-furtada. No outro lado, em cima de uma cadeira encostada à parede, tinha ficado o desejado cartucho com as pastilhas de chocolate. Quando minha mãe e meu pai se vieram deitar, primeiro ele, como sucedia sempre, depois ela, que ainda ficava a lavar a louça ou a passajar alguma peúga, eu tinha os olhos fechados, fingindo que dormia. Apagou-se a luz, adormeceram eles, mas eu consegui não render-me ao sono. Noite dentro, no quarto às escuras, levantei-me devagarinho, pé ante pé fui buscar o cartucho e, em três passos furtivos, voltei para a cama e entre os lençóis me enfiei, feliz, a mastigar as dulcíssimas pastilhas, até que deslizei para a inconsciência. Quando abri os olhos, de manhã, encontrei, esborrachado debaixo de mim, o que restava do ágape noturno, uma pasta castanha de chocolate, pegajosa e mole, a coisa mais suja e repugnante que os meus olhos alguma vez tinham visto. Chorei muito, de desgosto, mas também de vergonha e frustração, e foi talvez por isso que os meus pais não me castigaram nem repreenderam. Em verdade, para infelicidade já tinha a minha conta. Havia cedido à tentação da gula e a gula me castigava sem pau nem pedra.

Um ou outro domingo, pela tarde, as mulheres desciam à Baixa para ver as montras. Geralmente iam por seu pé, alguma vez tomariam o carro elétrico, que era o pior que me podia suceder nessa idade, porque não tardava a enjoar com o cheiro lá de dentro, uma atmosfera requentada, quase fétida, que me revolvia o estômago e em poucos minutos me punha a vomitar. Neste particular fui uma criança delicada. Com a passagem do tempo esta intolerância olfactiva (não sei que outro nome lhe poderei dar) foi diminuindo, mas o certo é que, durante anos, bastava-me entrar num carro elétrico para sentir a cabeça a andar à roda. Fosse qual fosse o motivo, pena de mim ou vontade de alegrar as pernas, naquele domingo descemos a pé desde a Rua Fernão Lopes minha mãe, a Conceição, creio que também Emília, e eu, pela Avenida Fontes Pereira de Melo, logo a Avenida da Liberdade, e finalmente subimos ao Chiado que era onde se mostravam os tesouros mais apreciados de Ali Babá. Não me lembro das montras, nem é para falar delas que estou aqui, assuntos mais sérios me ocupam neste momento. Junto a uma das portas dos Armazéns Grandella havia um homem a vender balões, e, fosse por tê-lo eu pedido (do que duvido muito, porque só quem espera que se lhe dê é que se arrisca a pedir), fosse porque minha mãe tivesse querido, excepcionalmente, fazer-me um carinho público, um daqueles balões passou às minhas mãos. Não me lembro se ele era verde ou vermelho, amarelo ou azul, ou branco simplesmente. O que depois se passou iria apagar para sempre da minha memória a cor que deveria ter-me ficado pegada aos olhos para sempre, uma vez que aquele era nada mais nada menos que o meu primeiro balão em todos os seis ou sete anos que levava de vida. Íamos nós no Rossio, já de regresso a casa, eu impante como se conduzisse pelos ares, atado a um cordel, o mundo inteiro, quando, de repente, ouvi que alguém se ria nas minhas costas. Olhei e vi. O balão esvaziara-se, tinha vindo a arrastá-lo pelo chão sem me dar conta, era uma coisa suja, enrugada, informe, e dois homens que vinham atrás riam-se e apontavam-me com o dedo, a mim, naquela ocasião o mais ridículo dos espécimes humanos. Nem sequer chorei. Deixei cair o cordel, agarrei-me ao braço da minha mãe como se fosse uma tábua de salvação e continuei a andar. Aquela coisa suja, enrugada e informe era realmente o mundo.

Um dia, aproximadamente por esta mesma época, fui de excursionista a Mafra. Tinha nascido na Azinhaga, vivia em Lisboa, e agora, quem sabe se por um cúmplice aceno dos fados, uma piscadela de olhos que então ninguém poderia decifrar, levavam-me a conhecer o lugar onde, mais de cinquenta anos depois, se decidiria, de maneira definitiva, o meu futuro como escritor. Não recordo que os Baratas tivessem ido connosco. Tenho mesmo a ideia vaga de que nos levou de automóvel um conhecido qualquer de meu pai que, tanto quanto sei, não deixou outro sinal de passagem nas nossas vidas. Dessa breve viagem (não entrámos no convento, apenas visitámos a basílica) não guardo mais viva lembrança que a de uma estátua de S. Bartolomeu colocada, e aí continua, na segunda capela do lado esquerdo de quem entra, a que chamam, creio, em linguagem litúrgica, o lado do Evangelho. Andando eu, pela minha pouca idade, tão falto de informação sobre o mundo das estátuas e sendo a luz que havia na capela tão escassa, o mais provável seria que não me tivesse apercebido de que o desgraçado Bartolomeu estava esfolado se não fosse a parlenga do guia e a eloquência complacente do seu gesto ao apontar as pregas de pele flácida (ainda que de mármore) que o pobre martirizado sustinha nas suas próprias mãos. Um horror. No *Memorial do Convento* não se fala de S. Bartolomeu, mas é bem possível que a recordação daquele angustioso instante estivesse à espreita na minha cabeça quando, aí pelo ano de 1980 ou 1981, contemplando uma vez mais a pesada mole do palácio e as torres da basílica, disse às pessoas que me acompanhavam: "Um dia gostaria de meter isto dentro de um romance". Não juro, digo só que é possível.

Devo ter feito algumas viagens à Azinhaga ao colo da minha mãe entre os dois e os quatro ou cinco anos. Não teria sido nada natural que meu pai, antes vulgar cavador de enxada e agora servidor público, agente policial de fresca data com uma cesta cheia de novidades da capital para contar, se deixasse ficar por Lisboa durante os seus períodos anuais de licença, quando o que lhe daria prestígio seria luzir-se perante os antigos companheiros de trabalho, falando fino, ou pelo menos apurando o melhor que podia a dicção para não parecer demasiado provinciano, e, na intimidade da taberna, entre dois copos, regalá-los com histórias de gajas, alguma prostituta que pagava com o corpo uma certa proteção policial, mas isso nunca o confessaria ele, ou então alguma vendedeira fácil do mercado da Praça da Figueira. Muitos anos depois, minha avó contou-me que, quando me entregavam aos seus cuidados, ela me sentava na casa de fora, em cima de uma manta estendida no chão, donde, às tantas, lhe chegava a minha voz: "Ah bó, bó". "Que queres tu, meu filho?", perguntava ela. E eu respondia, lacrimoso, chupando o dedo polegar da mão direita (seria da mão direita?): "Eu quero caca". Quando ela acudia ao pedido de socorro era tarde de mais. "Já estavas todo borrado", dizia-me a avó, rindo. Ora, tendo nós, minha mãe, o Francisco e eu, ido para Lisboa na Primavera de 1924, quando eu não contava de vida mais que um ano e meio, o meu desenvolvimento comunicativo não poderia valer grande coisa. É de supor, portanto, que os escatológicos episódios que acabo de referir tenham acontecido depois, naquelas idas à Azinhaga para férias, quando minha mãe, deixando-me entregue à avó Josefa, ia matar saudades com as amigas de juventude, a quem daria parte das suas próprias experiências da civilização, incluindo, se o orgulho e a vergonha não lhe travavam a língua, os maus-tratos frequentes de um marido desnorteado pelas alegrias eróticas da metrópole lisboeta. Talvez por eu ter sido atónita e assustada testemunha de algumas dessas deploráveis cenas domésticas é que nunca levantei a mão para uma mulher. Serviu-me de vacina.

Era o tempo em que as mulheres iam à bruxa quando as coisas corriam mal em casa. Recordo, ainda na Rua Fernão Lopes, as rezas e os defumadouros que minha mãe fazia no quarto, lançando sobre as brasas do fogareiro umas pequenas bagas escuras, redondas, ao mesmo tempo que ia pronunciando um esconjuro que principiava desta maneira: "Cocas, minhas cocas, assim como...". Do resto da cantilena não me lembro, mas sim do cheiro das bagas, tão intenso que agora mesmo o estou a sentir no nariz. Desprendiam um fumozinho de um olor enfermiço, ao mesmo tempo adocicado e nauseante, que entontecia. Nunca cheguei a saber que "cocas" eram aquelas, devia ser qualquer coisa oriental. Suponho que terá sido por causa desta recordação que não suporto as fumigações de pauzinhos do Oriente com que hoje é costume empestarem-nos as casas, julgando que assim as espiritualizam...

Um dia, num meloal perto do Mouchão de Baixo, a tia Maria Elvira, o José Dinis e eu, não recordo já por que razão, embora esteja certo de que não se tratou de um mero acaso, encontrámo-nos com a Alice e os pais dela, e ao meu despeitado primo, vendo que a moça me estava a dar mais atenção que a ele, entrou-lhe, como era de esperar, um tal arrebato de ciúme que me atirou com a talhada de melão que estava a comer. Tinha-me apontado à cara, mas falhou, só me alcançou na camisa. Como já disse, andávamos, por tudo e por nada, continuamente engalfinhados, como cão e gato. Mas agora é da Alice que se trata, é chegado o momento de falar dela com mais precisão do que o fiz até agora. Tempo depois deste incidente (creio que terá sido no Verão seguinte) fomos os três a Vale de Cavalos, para onde a família dela se tinha mudado (antes viviam em Alpiarça), e até estivemos, se a memória não me engana demasiado, em sua casa. (Não tenho a certeza absoluta de as coisas se terem passado exatamente desta maneira, mas, fosse como fosse, uma ocasião houve, e esta terá sido, em que aprendi o caminho para, cortando através dos campos por carreiros e desvios, chegar do Mouchão de Baixo a Vale de Cavalos.) Ora, aconteceu que uma ou duas semanas depois houve festejos nesta povoação, e eu decidi que tinha que ver a Alice fosse como fosse. Teria os meus quinze anos, já no Verão do ano em que completaria os dezasseis. Deixei nas primeiras páginas deste livro constância de alguns episódios da sentimental aventura, como sejam a travessia do Tejo, a barca do Graviel abicando à margem e raspando com o fundo as pedras miúdas do chão, a meia-luz crepuscular, a grande caminhada de ida e volta. Não os repetirei, portanto, agora há que ter a coragem de virar a medalha e mostrar-lhe o outro lado. Havia bailarico na praça, a banda filarmónica da terra tocava com o entusiasmo próprio da ocasião. Conversei com a Alice, que me recebeu bem, mas sem demasias, dancei com ela (se àquilo se podia chamar dançar, guiava-me ela mais a mim do que eu a ela, e tenho a suspeita — se não quiser dar-lhe antes o nome de certeza — de que, em certa altura, fez um gesto resignado para uma amiga que dançava perto). Por fim, já tarde (hoje sei que foi aquele gesto que me fez renunciar à Alice para sempre), despedi-me vencido. Ainda hoje me pergunto como consegui não me perder na noite cheia de rumores e de sombras, quando ainda não há muitos anos tremia com medo da escuridão e dos monstros que ela gera. A tosca barraca de pau a pique, coberta de palha, a que exausto, de pernas bambas, me acolhi no final do estirão, era, só o soube depois, onde o tio Francisco Dinis costumava descansar nos intervalos das suas voltas noturnas pela herdade. Esfomeado, procurei lá dentro, às apalpadelas, alguma coisa para comer e só encontrei aquele já falado pedaço de pão de milho, com fio e bolor, como tive ocasião de verificar quando de manhã comi um resto que dele havia sobejado. O catre não tinha enxergão, mas a camada de folhelho em que estendi o meu fatigado esqueleto cheirava bem. Dormi o pouco que ainda restava da madrugada e de manhã apareceu o meu tio. Ouvi ladrar o cão que sempre o acompanhava — *Piloto* se chamava — e saí da barraca estremunhado, deslumbrado pela luz. Quando cheguei ao Mouchão de Baixo contei as minhas aventuras à tia Maria Elvira e ao José Dinis, com grande desespero dele, uma vez que tive a precaução de omitir qualquer pormenor que delatasse a humilhação do meu fracasso sentimental. A Alice tinha querido que eu a fizesse dançar, e eu não sabia. Teve mais sorte o alfaiate. Faltaria saber, mas nunca se saberá, se ela a teve também.

Nunca fui grande pescador. Usava, como qualquer outro rapaz da mesma idade e de posses tão modestas como eram as minhas, uma cana vulgar com o anzol, a chumbada e a boia de cortiça atados ao fio de pesca, nada que se parecesse com os artefactos modernos que por ali haveriam de aparecer mais tarde e que cheguei a ver em mãos de alguns amadores locais quando já era crescido e me havia deixado de ilusões piscatórias. Como consequência, as minhas capturas sempre se reduziram a uns poucos pampos, barbos uma raridade e pequenos, e muitas horas passadas em vão (em vão, a bem dizer, nenhuma, porque, sem que me desse conta, ia "pescando" coisas que no futuro não viriam a ser menos importantes para mim, imagens, cheiros, rumores, aragens, sensações). Ao sol, se não castigava demasiado, ou à sombra de algum salgueiro chorão, à espera de que o peixe picasse. Em geral, sentado à beira de água, operava no "rio da minha aldeia", o Almonda, ao fim da tarde, porque com os grandes calores já se sabia que os peixes se metiam nas locas e não vinham ao isco. Outras vezes, de um lado ou do outro da desembocadura do nosso rio, e em algumas assinaladas ocasiões, remando para mais longe, atravessava o Tejo para a margem sul, e aí me deixava ficar, abrigado pela maracha como se estivesse debaixo de um dossel, que era como mais gostava. Os pescadores eméritos da terra gabavam-se de ter os seus próprios métodos, as suas estratégias, as suas artes mágicas, que geralmente duravam uma temporada para logo darem lugar a outros métodos, a outras estratégias, a outras mágicas artes sempre mais eficazes que as anteriores. Nunca cheguei a beneficiar de nenhuma delas. A última de que me lembro foi um famoso pó de roseira (a dúvida que então tinha, e até hoje, era saber que parte da roseira seria a que os entendidos pulverizavam: quero acreditar que fosse a flor), graças ao qual, previamente lançado à água como uma espécie de engodo poético, os peixes caíam, perdoe-se a incorreta comparação, como tordos. O pobre de mim jamais pôde tocar com os seus indignos dedos aquele ouro em pó. E essa terá sido, certamente, a causa do desaire que sofri perante o maior (ainda que para todo o sempre invisível) barbo da história piscícola do Tejo. Contarei com palavras simples o lamentável acontecimento. Tinha eu ido com os meus petrechos a pescar na foz do Almonda, chamávamos-lhe a "boca do rio", onde por uma estreita língua de areia se passava nessa época ao Tejo, e ali estava, já o dia fazia as suas despedidas, sem que a boia de cortiça tivesse dado sinal de qualquer movimento subaquático, quando, de repente, sem ter passado antes por aquele tremor excitante que denuncia os tenteios do peixe mordiscando o isco, mergulhou de uma só vez nas profundas, quase me arrancando a cana das mãos. Puxei, fui puxado, mas a luta não durou muito. A linha estaria mal atada ou apodrecida, com um esticão violento o peixe levou tudo atrás, anzol, boia e chumbada. Imagine-se agora o meu desespero. Ali, à beira do fundão onde o malvado devia estar escondido, a olhar a água novamente tranquila, com a cana inútil e ridícula nas mãos, e sem saber o que fazer. Foi então que me ocorreu a ideia mais absurda de toda a minha vida: correr a casa, armar outra vez a cana de pesca e regressar para ajustar contas definitivas com o monstro. Ora, a casa dos meus avós ficava a mais de um quilómetro do lugar onde me encontrava, e era preciso ser pateta de todo (ou ingénuo, simplesmente) para ter a disparatada esperança de que o barbo iria ficar ali à espera, entretendo-se a digerir não só o isco mas também o anzol e o chumbo, e já agora a boia, enquanto a nova pitança não chegava. Pois apesar disso, contra razão e bom senso, disparei a correr pela margem do rio fora, atravessei olivais e restolhos para atalhar caminho, irrompi esbaforido pela casa dentro, contei à minha avó o sucedido enquanto ia preparando a cana, e ela perguntou-me se eu achava que o peixe ainda lá estaria, mas eu não a ouvi, não a queria ouvir, não a podia ouvir. Voltei ao sítio, já o Sol se pusera, lancei o anzol e esperei. Não creio que exista no mundo um silêncio mais profundo que o silêncio da água. Senti-o naquela hora e nunca mais o esqueci. Ali estive até quase não distinguir a boia que só a corrente fazia oscilar um pouco, e, por fim, com a tristeza na alma, enrolei a linha e regressei a casa. Aquele barbo tinha vivido muito, devia ser, pela força, uma besta corpulenta, mas de certeza não morreria de velho, alguém o pescou num outro dia qualquer. De uma maneira ou outra, porém, com o meu anzol enganchado nas guelras, tinha a minha marca, era meu.

Um dia estava eu pescando num esteiro do Tejo, por uma vez em paz e boa harmonia com o José Dinis (tenho dúvidas sobre se seria realmente um esteiro, pois não havíamos andado tanto, nem na direção própria, para que pudéssemos ter-nos aproximado do rio: o mais certo seria tratar-se de algum charco bastante profundo para que não chegassem a secá-lo os calores do Verão e aonde, arrastadas pelas cheias, tivessem ido desaguar algumas colónias de peixes), e já tínhamos pescado dois enfezados espécimes, quando apareceram dois moços mais ou menos da nossa idade, que seriam do Mouchão de Cima e que por isso não conhecíamos (nem era recomendado que conhecêssemos), apesar de vivermos à distância de um tiro de pedra. Sentaram-se atrás de nós, e a conversa do costume começou: "Então o peixe pica?", e nós que assim-assim, nada dispostos a dar-lhes confiança. Em todo o caso, para que não se rissem de nós, sempre fomos dizendo que tínhamos tirado dois peixes que estavam na caldeira. O que se chamava caldeira era um recipiente de lata, cilíndrico, com tampa ajustada e um arame em arco que servia para enfiar no braço. Nas caldeiras, em geral suspensas do pau ao ombro, levavam os trabalhadores o jantar para o campo, uma tomatada, se era o tempo, uma sopa de couves com feijão, o que calhasse, conforme os teres de cada um. Depois de havermos deixado claro que não éramos tão podões como podíamos ter parecido, voltámos a nossa atenção para as boias imobilizadas na dureza plúmbea da superfície da água. Grande silêncio se fez, o tempo passou, às tantas um de nós olhou para trás e os gajos já ali não estavam. Deu-nos o coração um baque e fomos abrir a caldeira. Em lugar dos peixes havia dois gravetos flutuando na água. Como conseguiram os facínoras, sem o menor ruído, tirar a tampa, extrair os peixes e dar o fora, é o que até hoje não consegui perceber. Quando chegámos a casa e contámos o que nos havia sucedido, a tia Maria Elvira e o tio Francisco fartaram-se de rir à nossa custa. Não podíamos queixar-nos, era o que merecíamos.

Manda a verdade que se diga que os meus talentos de caçador ainda estavam por baixo das habilidades do pescador. Pardal caçado por atiradeira minha, houve um, mas com tão pouca convicção o matei e em tão tristes circunstâncias que um dia não resisti a contar, numa crónica de desabafo e arrependimento, o nefando crime. Porém, se sempre me faltou a pontaria para as avezinhas do céu, o mesmo não acontecia com as rãs do Almonda, dizimadas por uma fisga que tinha tanto de certeira quanto de despiedada. Na verdade, a crueldade infantil não tem limites (é essa a razão profunda de não os terem também a dos adultos): que mal podiam fazer-me os inocentes batráquios, ali sentadinhos a apanhar o sol nos limos flutuantes, gozando ao mesmo tempo do calorzinho que vinha de cima e da frescura que vinha de baixo? A pedra, zunindo, alcançava-as em cheio, e as infelizes rãs davam a última cambalhota da sua vida e lá ficavam, de barriga para o ar. Caridoso como o não havia sido o autor daquelas mortes, o rio lavava-as do escasso sangue que tinham vertido, enquanto eu, triunfante, sem consciência da minha estupidez, água abaixo, água acima, procurava novas vítimas.

É curioso que nunca tenha ouvido falar da "costureira" em outros lugares e a outra gente. Precoce racionalista como já havia demonstrado naquelas tenras idades (bastará recordar o herético episódio da missa, quando, ao chocalhar da sineta, erguia de esguelha a cabeça para ver o que não queriam que eu visse), pensei, e creio recordar que cheguei a sugeri-lo à minha mãe, que só podia tratar-se de um "bicho da madeira" ou qualquer similar animalejo, ideia totalmente fora de propósito porquanto não era possível viverem "bichos da madeira" (os velhos carunchos de sempre) no interior das grosseiras argamassas daquele tempo, duras de roer, ainda que não tanto como os cimentos e betões modernos. De que se tratava, então? Em certa altura, no silêncio da casa, a minha mãe dizia como se se tratasse da coisa mais natural do mundo: "Lá está a costureira".

Eu aproximava o ouvido do sítio da parede que ela tinha apontado, e aí ouvia, juro que ouvia, o ruído inconfundível de uma máquina de costura, das de pedal (não existiam outras), e também, de vez em quando, um outro som característico, arrastado, o da travagem, quando a costureira leva a mão direita à roda para deter o movimento da agulha. Ouvi-os em Lisboa, mas também os ouvi na Azinhaga, em casa dos avós, a avó Josefa que dizia, ou a tia Maria Elvira: "Lá está a costureira, lá está ela outra vez". Os ruídos que saíam da brancura inocente da parede caiada eram os mesmos. A explicação que então me foi dada, fabulosa, como não poderia deixar de ser, foi que aquilo que estávamos a ouvir claramente ouvido era a consequência do triste fado de uma costureira ímpia que tinha trabalhado num domingo e que, por essa grave falta, havia sido condenada (acerca da identidade do juiz não ficara notícia) a coser roupa à máquina por toda a eternidade dentro das paredes das casas. Esta mania de castigar sem dó nem piedade qualquer cristão que precisasse de trabalhar ao domingo, assim mo contaram também, já havia feito outra vítima no passado remoto, o homem da Lua, esse que transporta, como tão distintamente se percebe cá de baixo, um molho de lenha às costas, e que foi ali posto, carregando o eterno peso, para servir de escarmento aos temerários que se sentissem tentados a seguir-lhe o mau exemplo. Voltando à "costureira" das paredes, não sei que diabo se terá passado no mundo para que ela se tenha sumido sem mais nem menos, há mais de setenta anos que não a ouço nem encontro quem me fale dela. Talvez lhe tivessem comutado a pena. Se assim foi, espero que venha a usar-se da mesma misericórdia com o homem da Lua. O pobre estará cansado. Além disso, se o tirassem dali, se apagassem aquela sombra, a Lua daria mais luz e todos ficávamos a ganhar.

À casa dos meus avós, como já contei, chamavam-lhe Casalinho, e o nome do sítio era Divisões, talvez porque o olival ralo e esparso que havia em frente (campo de futebol depois e nos últimos tempos jardim) pertencesse a diferentes donos: como se em vez de árvores se tratasse de gado, as oliveiras estavam marcadas no tronco com as iniciais dos nomes dos seus respectivos proprietários. A construção era do mais tosco que então se fazia, térrea, de um único piso, mas levantada do chão cerca de um metro por causa das cheias, sem nenhuma janela na frontaria cega, nada mais que uma porta em que se abria o tradicional postigo. Tinha dois compartimentos espaçosos, a casa-de-fora, assim chamada por dar para a rua, onde havia duas camas e umas quantas arcas, três se a memória não me falha, e logo a seguir a cozinha, uma e outra de telha-vã por cima e chão de terra por baixo. À noite, apagado o candeeiro de petróleo, sempre se podia distinguir pelas frinchas do telhado o cintilar de uma estrela vagabunda. A intervalos irregulares, talvez de dois meses ou três, minha avó embarrava a casa-de-fora. Dissolvia a quantidade de barro apropriada num balde de água, e depois, de joelhos, utilizando um pano que ia empapando na mistura, e movendo-se às arrecuas, de diante para trás, fazia com ele, de um lado a outro, grandes movimentos de braço que iam cobrindo o chão com uma nova camada. Enquanto o barro não estivesse completamente seco, todos estávamos proibidos de passar por ali. Ainda tenho no nariz o cheiro daquele barro molhado e nos olhos a cor vermelha do chão que empalidecia pouco a pouco, à medida que a água se ia evaporando. Que eu recorde, a cozinha nunca foi embarrada, varrida, sim, em todo o caso sem exageros, mas embarrada, jamais. Além das camas e das arcas, havia na casa-de-fora uma mesa de madeira em branco, isto é, sem pintura, de pernas altas, com um espelho velho, embaciado e com falhas na película de estanho, um relógio de capela e outras bugigangas sem valor. (Muito mais tarde, já tinham passado há muito os meus quarenta anos, comprei num antiquário de Lisboa um relógio semelhante que ainda hoje conservo, como algo que tivesse ido pedir emprestado à infância.) O espelho fazia parte de um pequeno e tosco toucador, também sem pintura, com uma gaveta central e duas gavetinhas aos lados, cheias de miudezas que não serviam para nada e que iam passando de um ano para o outro sem mudanças visíveis de conteúdo. Por cima da mesa, na parede branca, como uma galáxia de rostos, era onde se reuniam os retratos da família: a ninguém lhe ocorreu distribuí-los, como uma decoração, pelas paredes caiadas da casa-de-fora. Estavam ali como santos num altar, como peças de um relicário coletivo, fixos, imutáveis. A cozinha era o mundo. Havia duas camas, uma mesa que bamboleava no chão irregular e que de cada vez era preciso calçar para que não bandeasse, duas cadeiras pintadas de azul, a lareira com a "boneca do lar" ao fundo, uma figura vagamente antropomórfica, de contorno sumário, que desapareceu, como todo o resto, quando o tio Manuel, o mais novo dos tios maternos e polícia de segurança pública como meu pai, ficou com a casa depois de morrer a avó, para levantar no seu lugar uma construção hedionda para qualquer pessoa de mediano gosto, mas que o deverá ter deslumbrado a ele. Nunca lhe perguntei se tinha ficado contente com a sua obra, porque, seguindo as arraigadas tradições da família, tínhamos deixado de nos falar. Imagino que a "boneca" seria a representação resumida de um espírito doméstico pagão, por exemplo, um penate romano (recordo que uma frase com frequência pronunciada naqueles tempos, "regressar a penates", significava, simplesmente, "voltar para casa"). Tanto quanto se podia apreciar pelo relevo, devia ter sido feita com ladrilhos quadrados, dispostos de modo a formarem, embutidos na parede, dois, lado a lado, a parte superior do tronco, outro, posto sobre eles, centrado, o pescoço, e um terceiro, de bico, figurando a cabeça. A minha avó é que lhe chamava a "boneca do lar", e eu contentei-me com a informação até que, anos depois, graças às virtudes cognitivas da leitura, julguei ter encontrado a identificação autêntica. Sê-lo-ia, realmente? A lareira era pequena, só podíamos lá caber dois, geralmente o meu avô e eu. Como sempre, no Inverno, quando o frio fazia gelar a água durante a noite dentro dos cântaros e de manhã tínhamos de partir com um pau a camada de gelo que se havia formado lá dentro, estorricávamos por diante e tiritávamos por trás. Quando o frio apertava a sério, estar em casa ou estar fora não fazia uma diferença por aí além.

A porta da cozinha, que dava para o quintal, era velhíssima e mais cancela que porta, com fendas onde podia caber a minha mão, e o mais extraordinário foi que durante anos e anos assim tivesse permanecido. Parecia que já era velha quando a colocaram nos gonzos. Só mais tarde, já falecido o meu avô Jerónimo (foi-se deste mundo em 1948), veio a beneficiar de algumas reparações, para não lhes chamar simplesmente remendos. Creio, porém, que nunca a substituíram. Foi a este lar, humilde como os que mais o eram, que vieram acolher-se os meus avós depois de casados, ela, segundo havia sido voz corrente no tempo, a rapariga mais bonita da Azinhaga, ele, o exposto na roda da Misericórdia de Santarém e a quem chamavam "pau-preto" por causa da tez morena. Ali viveriam sempre. Contou-me a avó que a primeira noite a passou o avô Jerónimo sentado à porta da casa, ao relento, com um pau atravessado nos joelhos, à espera dos ciumentos rivais que haviam jurado ir apedrejar-lhe o telhado. Ninguém apareceu, afinal, e a Lua viajou (permita-se-me que o imagine) toda a noite pelo céu, enquanto minha avó, deitada na cama, de olhos abertos, esperava o seu marido. E foi já madrugada clara que ambos se abraçaram um no outro.

É tempo de falar do celebrado romance *Maria, a fada dos bosques* que tantas lágrimas fez derramar às famílias dos bairros populares lisboetas dos anos 20. Publicado, se não estou em erro, pelas Edições Romano Torres, era distribuído em fascículos ou cadernos semanais de dezasseis páginas, entregues em dias certos no domicílio dos assinantes. Também os recebíamos no último andar da Rua dos Cavaleiros, 57, mas, por essas alturas, tirando as poucas luzes que me haviam ficado de traçar letras na pedra, insuficientes a todos os títulos, a minha iniciação na delicada arte de decifrar hieróglifos ainda não tinha principiado. Quem se encarregava de os ler, em voz alta, para edificação de minha mãe e de mim, ambos analfabetos, eu que o continuaria a ser por algum tempo ainda, ela por toda a vida, era a mãe do Félix, cujo nome, por mais que puxe pela memória, não consigo recordar. Sentávamo-nos os três nos inevitáveis banquinhos baixos, a leitora e os ouvintes, e deixávamo-nos levar nas asas da palavra para aquele mundo tão diferente do nosso. Recordo que entre as mil desgraças que ao longo das semanas vinham caindo, implacáveis, sobre a cabeça da infeliz Maria, vítima do ódio e da inveja de uma rival poderosa e malvada, houve um episódio que para sempre me ficou gravado. Na continuação de peripécias que com o tempo se me desvaneceram, mas que, de todo o modo, não interessaria esmiuçar aqui, Maria havia sido encarcerada nos lôbregos subterrâneos do castelo da sua mortal inimiga, e esta, como se ainda precisasse de confirmar o que os estimados leitores, pelos antecedentes, já conheciam de sobra, isto é, o péssimo carácter com que a tinham dotado no berço, aproveitou-se de que a pobre donzela era do mais prendado que havia em artes do bordado e outros femininos lavores, e ordenou-lhe, sob a ameaça dos piores castigos conhecidos e por conhecer, que trabalhasse para ela. Como se vê, além de malvada, exploradora. Ora, entre as formosas peças que Maria tinha bordado durante o tempo da sua reclusão havia um magnífico *déshabillé* que a castelã decidiu reservar para seu próprio uso. Então, por uma dessas coincidências extraordinárias que só nos romances acontecem e sem a participação das quais ninguém se daria ao trabalho de escrevê-los, o garboso cavalheiro que amava Maria e por ela era ternamente retribuído veio de visita ao tal castelo, sem lhe passar pela cabeça que a sua querida se encontrava ali prisioneira e picava os alvos dedos bordando numa masmorra. A castelã, que há muito tempo andava de olho nele, razão da terrível rivalidade a que acima ficou feita sucinta referência, resolveu que havia de seduzi-lo nessa mesma noite. E, se bem o pensou, melhor o fez. Altas horas da noite, introduziu-se sub--repticiamente no quarto do hóspede com o tal *déshabillé* posto, provocante e perfumada, capaz de fazer perder a cabeça a todos os santos da corte do céu, quanto mais a um cavalheiro pujante de energia, na força da vida, por muito apaixonado que estivesse pela puríssima e sofredora Maria. De facto, nos braços daquela imoral criatura que se lhe havia metido na cama, todo inclinado para os redondos e capitosos seios que, sem margem para qualquer dúvida razoável, se revelavam através das rendas, a ponto já de deixar-se cair, rendido, no sedutor abismo, eis que de repente, e quando a pérfida começava a cantar vitória, o cavalheiro recua como se o tivesse picado a áspide escondida no rego dos seios de Cleópatra, e, deitando a mão convulsa ao bordado, que arrancou, desatou a gritar: "Maria! Maria!". Que se havia passado? Calculo que vai custar a acreditar, mas assim estava escrito. Maria, lá no seu cárcere, como o náufrago que lançou uma garrafa à água esperando que a mensagem viesse a ser recolhida por alguma mão salvadora, tinha bordado no *déshabillé* um pedido de socorro com o seu nome e o lugar onde estava prisioneira. Salvo da ignomínia no último instante, o cavalheiro repeliu com violência a lúbrica senhora e saiu correndo a resgatar do cativeiro a sua virginal e adorada Maria. Deve ter sido mais ou menos por esta altura que nos mudámos para a Rua Fernão Lopes, por isso a *Fada dos bosques* teve de terminar ali, uma vez que a respectiva assinatura havia sido feita pela mãe do Félix. Nós só nos beneficiávamos da leitura semanal grátis, e já não era pequena coisa, sobretudo para mim, a quem a recordação de tão dramático e perturbador episódio, apesar da pouca idade que tinha então, nunca mais se me varreria da memória.

Aprendi depressa a ler. Graças aos lustros da instrução que havia começado a receber na minha primeira escola, a da Rua Martens Ferrão, de que apenas sou capaz de recordar a entrada e a escada sempre escura, passei, quase sem transição, para a frequência regular dos estudos superiores da língua portuguesa na figura de um jornal, o *Diário de Notícias*, que meu pai levava todos os dias para casa e que suponho lhe era oferecido por algum amigo, um ardina dos de boa venda, talvez o dono de uma tabacaria. Comprar, não creio que comprasse, pela pertinente razão de que não nos sobrava dinheiro para gastar em semelhantes luxos. Para se ficar com uma ideia clara da situação, bastará dizer que durante anos, com absoluta regularidade sazonal, minha mãe ia levar os cobertores à casa de penhores quando o Inverno terminava, para só os resgatar, poupando tostão a tostão para poder pagar os juros todos os meses e o levantamento final, quando os primeiros frios começavam a apertar. Obviamente, eu não podia ler de corrido o já então histórico matutino, mas uma coisa era para mim clara: as notícias do jornal estavam escritas com os mesmos caracteres (letras lhes chamávamos, não caracteres) cujos nomes, funções e mútuas relações eu andava a aprender na escola. De modo que, mal sabendo ainda soletrar, já lia, sem perceber que estava lendo. Identificar na escrita do jornal uma palavra que eu conhecesse era como encontrar um marco na estrada a dizer-me que ia bem, que seguia na boa direção. E foi assim, desta maneira algo invulgar, *Diário* após *Diário*, mês após mês, fazendo de conta que não ouvia as piadas dos adultos da casa, que se divertiam por estar eu a olhar para o jornal como se fosse um muro, que a minha hora de os deixar sem fala chegou, quando, um dia, de um fôlego, li em voz alta, sem titubear, nervoso mas triunfante, umas quantas linhas seguidas. Não percebia tudo o que lia, mas isso não importava. Além do meu pai e da minha mãe, os ditos adultos, antes céticos, agora rendidos, eram os Baratas. Ora, aconteceu que nessa casa onde não havia livros, um livro havia, um só, grosso, encadernado, salvo erro, em azul-celeste, que se chamava *A toutinegra do moinho* e cujo autor, se a minha memória ainda esta vez acerta, era Émile de Richebourg, de cujo nome as histórias da literatura francesa, mesmo as mais minuciosas, não creio que façam grande caso, se é que algum fizeram, mas habilíssima pessoa na arte de explorar pela palavra os corações sensíveis e os sentimentalismos mais arrebatados. A dona desta joia literária absoluta, por todos os indícios também resultante de prévia publicação em fascículos, era a Conceição Barata, que o guardava como um tesouro numa gaveta da cómoda, embrulhado em papel de seda, com cheiro a naftalina. Este romance iria tornar-se na minha primeira grande experiência de leitor. Ainda me encontrava muito longe da biblioteca do Palácio das Galveias, mas o primeiro passo para lá chegar havia sido dado. E graças a que a nossa família e a dos Baratas viveram juntas durante um bom par de anos, o tempo mais que me sobrou para levar a leitura até ao fim e regressar ao princípio. Contrariamente, porém, ao que me havia sucedido com *Maria, a fada dos bosques*, não consigo, por mais que o tenha tentado, recordar uma só passagem do livro. Émile de Richebourg não gostaria desta falta de consideração, ele que pensava haver escrito a sua *Toutinegra* com tinta indelével. Mas as coisas não ficariam por aqui. Anos depois viria a descobrir, com a maior das surpresas, que também havia lido Molière no sexto andar da Rua Fernão Lopes. Um dia, meu pai apareceu em casa com um livro (não sou capaz de imaginar como o teria obtido ele) que era nada menos que um guia de conversação de português-francês, com as páginas divididas em três colunas, a primeira, à esquerda, em português, a segunda, central, na língua francesa, e a terceira, ao lado desta, que reproduzia a pronúncia das palavras da segunda coluna. Entre as várias situações em que poderia vir a encontrar-se um português que tivesse de comunicar-se em francês com a ajuda do guia de conversação (numa estação de caminho de ferro, numa recepção de hotel, num posto de aluguer de diligências, num porto marítimo, num alfaiate, comprando bilhetes para o teatro, provando um fato no alfaiate, etc.), aparecia inopinadamente um diálogo entre duas pessoas, dois homens, sendo que um deles era algo assim como mestre e o outro uma espécie de aluno. Li-o muitas vezes porque me divertia a estupefação do homem que não podia acreditar no que o professor lhe dizia, que ele andava a fazer prosa desde que tinha nascido. Eu não sabia nada de Molière (e como poderia sabê-lo?), mas tive acesso ao seu mundo, entrando pela porta grande, quando ainda mal tinha passado do a-e-i-o-u. Não havia dúvida, era um rapaz com sorte.

O diretor da escola do Largo do Leão, para onde fui transferido depois de passar a primeira classe na Rua Martens Ferrão, e cujo nome próprio não consigo recordar, tinha o raro apelido de Vairinho (hoje não encontro nenhum Vairinho na lista telefónica de Lisboa) e era um homem alto e magro, de rosto severo, que disfarçava a calvície puxando o cabelo de um dos lados e assentando-o com fixador, tal como fazia meu pai, embora eu deva confessar que o penteado do mestre me parecia muito mais apresentável que o do meu progenitor. A mim, já naquela tenra idade se me afigurava um tanto caricato (perdoe-se a falta de respeito) o aspecto do meu pai, sobretudo quando o via ao levantar da cama, com aquelas farripas penduradas para o seu lado natural e a pele branca do crânio de uma palidez mole, pois que, sendo ele polícia, tinha de andar a maior parte do tempo com o boné do uniforme posto. Quando fui para a escola do Largo do Leão, a professora da segunda classe, que ignorava até onde o recém-chegado teria acedido no aproveitamento das matérias dadas e sem qualquer motivo para esperar da minha pessoa quaisquer assinaláveis sabedorias (reconheça-se que não tinha obrigação de pensar outra coisa), mandou-me sentar entre os mais atrasados, os quais, por virtude da disposição da sala, ficavam numa espécie de limbo, à direita da professora e de frente para os adiantados que deviam servir-lhes de exemplo. Logo poucos dias depois de as aulas terem começado, a professora, com o fito de averiguar como andávamos nós de familiaridade com as ciências ortográficas, fez-nos um ditado. Eu tinha então uma caligrafia redonda e escorreita, aprumada, boa para a idade. Ora, aconteceu que o Zezito (não tenho culpa do diminutivo, era assim que a família me chamava, muito pior teria sido se o meu nome fosse Manuel e me tratassem por Nelinho...) cometeu um único erro no ditado, e mesmo assim erro não era bem, se considerarmos que as letras da palavra estavam lá todas, embora trocadas duas delas: em vez de "classe" tinha escrito "calsse". Excesso de concentração, talvez. E foi aqui, agora que o penso, que a história da minha vida começou. (Nas aulas desta escola, e provavelmente em todas as outras do país, as carteiras duplas a que então nos sentávamos eram exatamente iguais àquelas que, cinquenta anos depois, em 1980, fui encontrar na escola da aldeia de Cidadelhe, no concelho de Pinhel, quando andava a conhecer gentes e terras para as meter na *Viagem a Portugal*. Confesso que não pude disfarçar a comoção quando pensei que talvez me tivesse sentado a uma delas na primavera dos tempos. Mais decrépitas, manchadas e riscadas pelo uso e pela falta de cuidados, era como se as tivessem levado do Largo do Leão e de 1929 para ali.) Voltemos ao fio do relato. O melhor aluno da classe ocupava uma carteira logo à entrada da sala e ali desempenhava a honrosíssima função de porteiro da aula, pois era a ele que competia abrir a porta quando alguém batia de fora. Ora, a professora, surpreendida pelo talento ortográfico de um garoto que tinha acabado de chegar doutra escola, portanto suspeito de cábula por definição, mandou que eu me fosse sentar no lugar de primeiro da classe, donde, claro está, não teve outro remédio senão levantar-se o monarca destronado que lá se encontrava. Vejo-me, como se agora mesmo estivesse a suceder, arrebanhadas à pressa as minhas coisas, atravessando a aula no sentido longitudinal perante o olhar perplexo dos colegas (admirativo? invejoso?), e, com o coração em desordem, sentar-me no meu novo lugar. Quando o PEN Clube me atribuiu o seu prémio pelo romance *Levantado do chão*, contei esta história para assegurar às pessoas presentes que nenhum momento de glória presente ou futura poderia, nem por sombras, comparar-se àquele. Hoje, porém, não consigo impedir-me de pensar no pobre rapaz, friamente desalojado por uma professora que devia saber tanto de pedagogia infantil como eu de partículas subatómicas, se já então se falava delas.

Como iria ele comunicar aos pais, com razão orgulhosos do seu rebento, que havia sido apeado do pedestal por causa de um forasteiro desconhecido que acabara de aparecer do outro lado do horizonte, como Tom Mix e o seu cavalo *Raio*? Não recordo se cheguei a fazer amizade com o desafortunado colega, o mais provável seria que ele não quisesse nem ver-me. Aliás, se a memória não me está a enganar, creio que pouco tempo depois fui transferido para outra aula, quem sabe se para resolver o problema criado pela pouca sensibilidade da professora. Não é difícil imaginar um pai furibundo a entrar pelo gabinete do diretor Vairinho adentro para lavrar o seu veemente protesto contra a discriminação (usava-se já a palavra?) de que o filho havia sido vítima. Embora, verdade seja dita, eu tenha a impressão de que os pais, naqueles primitivos tempos, não fossem muito de importar-se com pormenores destes. Tudo se resumia a querer saber se passaste ou não passaste, se foste aprovado ou chumbaste. O resto não constaria da pauta.

Quando passei da segunda classe para a terceira, o professor Vairinho mandou chamar o meu pai. Que eu era aplicado, bom estudante, disse, e portanto muito capaz de fazer a terceira e a quarta classes em um ano só. Para a terceira classe frequentaria a aula normal, enquanto as complexas matérias da quarta me seriam dadas em lições particulares do mesmo Vairinho, que, aliás, tinha a casa na própria escola, no último andar. Meu pai esteve de acordo, tanto mais que o arranjo lhe saía grátis, o professor trabalhava pela boa causa. Não iria ser eu o único beneficiário deste trato especial, havia mais três colegas na mesma situação, dois deles de famílias mais ou menos acomodadas. Sobre o terceiro, só me lembro de lhe ouvir dizer que a mãe era viúva. Daqueles, um chamava-se Jorge, o outro, Maurício, do órfão até o nome se me foi, mas vejo-lhe a figura, magra, um pouco encurvada. Ao Jorge, salvo erro, já começava a apontar-lhe o buço. Quanto ao Maurício, esse era um autêntico demónio de calções, conflituoso, arrebatado, sempre à procura de brigas: uma vez, num acesso de fúria, atirou-se a um colega e espetou-lhe uma caneta no peito. Com um temperamento assim, com um tal mau génio, que terá feito este rapaz na vida? Éramos amigos, mas sem grandes confianças. Eles nunca foram a minha casa (vivendo nós como vivíamos, em quartos alugados, jamais me passaria pela cabeça a ideia de os convidar), e eu também nunca fui chamado a casa deles. Convivência, relações, brincadeiras, só as do recreio. A propósito (teria sido outra manifestação da minha presumível dislexia?), lembro-me de por essa altura confundir a palavra "retardador" com "redentor", e da maneira mais extravagante que se possa imaginar. Tinha aparecido, ou eu o descobri só então, aquele efeito de lentidão das imagens cinematográficas a que precisamente se dava o nome de "efeito de retardador". Ora, aconteceu que, no meio de uma brincadeira, eu tinha de me deixar cair ao chão, mas resolvi fazê-lo muito devagar, ao mesmo tempo que ia dizendo: "É ao redentor". Os outros não ligaram importância à palavra: se calhar, o que eu sabia mal, eles nem mal o saberiam.

Fora da escola, recordo algumas grandiosas púrrias com miúdos das quintas próximas, batalhas à pedrada que por felicidade nunca chegaram a fazer sangue nem lágrimas, mas em que não se poupava o suor. Os escudos eram tampas de panelas que íamos rebuscar nos entulhos. Embora eu nunca tenha sido de extremadas valentias, lembro-me de uma vez ter atacado debaixo de uma chuva de pedras, e só por esse heroico gesto ter posto em debandada os dois ou três inimigos que se nos opunham. Ainda hoje tenho a impressão de que, ao avançar assim, a cara descoberta, desobedecia a uma regra tácita de combate, que seria a de manter-se cada exército nas suas posições e a partir delas, sem cargas nem contracargas, alvejar o adversário. Mais de setenta anos depois, por entre as brumas da memória, consigo ver-me de tampa de tacho na mão esquerda e uma pedra na mão direita (duas nos bolsos dos calções), enquanto a fuzilaria dos dois lados passava por cima da minha cabeça. Das aulas particulares do professor Vairinho, o que recordo melhor era o momento em que, concluída a lição, com os quatro alinhados em frente da secretária, sobre o estrado, ele escrevia na sua bela letra, abreviando em M, S, B e Ót., nos nossos caderninhos de capa preta, as notas do dia: mau, suficiente, bom, ótimo. Ainda conservo o meu e nele se pode ver que bom estudante fui nesse tempo: os "maus" foram pouquíssimos, os "suficientes" não muitos, os "bons" abundavam e não faltaram os "ótimos". Meu pai assinava em baixo na página diária, assinava Sousa sem mais, que a ele, como já deixei explicado, nunca lhe agradou o Saramago que o filho o havia obrigado a adotar. Para orgulho da família, tanto a da cidade como a da aldeia, saí aprovado com distinção no exame da quarta classe. A prova oral realizou-se numa sala do rés do chão (rés do chão em relação às traseiras do prédio, que davam para o recreio, mas primeiro andar em relação à rua), estava uma manhã transparente, de sol brilhante, pelas janelas abertas de um lado e do outro corria uma aragem, as árvores do recreio eram verdes e frondosas (nunca mais tornaria a brincar à sombra delas), e o meu fato novo, se não é falsa memória minha, apertava-me debaixo dos braços. Recordo-me de ter hesitado a uma pergunta do júri (talvez não soubesse responder, talvez a tartamudez me tivesse travado a língua como às vezes sucedia), e que alguém, um homem bastante novo que eu nunca tinha visto na escola, encostado ao alizar da porta mais próxima das que davam para o recreio, a três passos de mim, me soprou subtilmente a resposta. Por que estava ele ali, e não na sala, como toda a gente? Mistério. Foi isto no ano de 1933, mês de Junho, e eu entraria em Outubro no Liceu Gil Vicente, instalado nesse tempo no antigo Mosteiro de São Vicente de Fora. Durante algum tempo pensei que uma coisa tinha necessariamente de ir com a outra: o nome do liceu com o nome do santo... Não se podia esperar que eu soubesse quem era esse tal Gil Vicente.

Suponho (não posso dar a certeza) que terá sido graças às "lições" do manual de conversação português--francês e à minha boa retentiva de então que logrei fazer um brilharete no liceu logo à primeira chamada, escrevendo *papier* no quadro-preto e umas quantas palavras mais com desenvoltura tal que o professor deixou transparecer a sua satisfação, pensando, talvez, que tinha ali um especialista na língua de Molière. Quando me mandou sentar, a minha alegria por ter feito boa figura era tão grande que, ao descer do estrado, não consegui reprimir uma careta para desfrute dos colegas. Era puro nervosismo, mas o professor deve ter temido que aquilo fosse já o prenúncio de más condutas futuras e avisou-me logo de que ia baixar a nota que havia pensado dar-me. Foi uma pena, o caso não era para tanto. Depois, com a continuação, teve ocasião de perceber que não tinha na sua classe um agitador profissional e retificou o desconfiado juízo. Quanto ao professor de Matemática, naturalmente, nenhum de nós, bisonhos recrutas do primeiro ano, ignorantes da nomenclatura, tinha ouvido falar dele. Por isso ficámos desconcertados quando nos informou, sem se apresentar ele próprio, de que o livro por onde deveríamos estudar seria o seu, isto é, da sua autoria. Claro que ninguém se atreveu a perguntar: "E o sôtôr como se chama?". O que nos valeu depois foi um contínuo. O professor chamava-se Germano. Do apelido não me lembro.

No primeiro ano fui bom estudante em todas as disciplinas, com exceção de Canto Coral em que nunca fui além da nota dez. A minha reputação alcançou um ponto tal que uma vez ou outra apareceram na nossa aula alunos mais velhos, de anos adiantados, a perguntar, imagino que pelas referências que os professores teriam feito à minha pessoa, quem era o Saramago. (Foi o tempo feliz em que meu pai andava com um papelinho no bolso para mostrar aos amigos, um papel escrito à máquina com as minhas notas, sob o título "Notas do meu campião". Em maiúsculas.) Chegou a fama ao despropósito de, no princípio do segundo ano, havendo eleições para a Associação Académica, me terem votado, imagine-se, para o cargo de tesoureiro. Aos doze anos... Recordo que me meteram nas mãos uma quantidade de papéis (quotas e balancetes) que eu mal sabia para que serviam e que realmente não chegaram a servir para nada. O segundo ano correu-me mal. Não sei o que se passou na minha cabeça, talvez tivesse começado a suspeitar de que os meus pés não tinham sido feitos para aquele caminho, que talvez se tivessem esgotado o balanço e a energia que havia trazido da escola primária. Isto sem esquecer que o meu pai tinha começado a deitar contas à vida e às despesas de um curso liceal completo, e, depois, que futuro? As notas foram, no geral, baixas, em Matemática, por exemplo, tive oito valores no primeiro período, oito no segundo, e, se no terceiro me deram treze, não se pense que o soberbo salto em altura que me permitiria ir a exame havia sido o resultado de uma derradeira e desesperada aplicação ao estudo. A explicação é outra. No dia em que anunciou as notas que se propunha dar-nos, o professor Germano teve a ideia simpática de perguntar à comunidade da aula se lhes parecia que eu sabia mais da ciência dos números do que os dois oitos proclamavam, e a rapaziada, solidária e unânime, respondeu que, sim sôtôr, ele sabe... O certo é que não sabia mesmo.

Entrava-se no Gil Vicente por uma rampa paralela à estreita rua que vai do Largo de São Vicente ao Campo de Santa Clara. Logo depois do portão abria-se uma grande cerca, que era onde nos reuníamos para o recreio. Recordo-a como um espaço enorme (não sei como estará aquilo hoje, se é que ainda existe), penso mesmo que, desde o primeiro ano ao sétimo, teriam lá cabido todos os alunos, e ainda sobejaria muita cerca. Uma vez, conforme já contei antes, dei ali uma queda tremenda que me abriu o joelho esquerdo e de que me ficou a cicatriz durante muitos anos. Levaram-me ao posto médico, e aí o enfermeiro (havia sempre um enfermeiro de serviço) aplicou-me um "gato". O "gato", como já tinha escrito antes e aqui repito com algum pormenor adicional, era um pedacinho de metal, retangular e estreito, que à vista parecia simples lata, dobrado em ângulo reto nas extremidades, as quais começavam por ser cravadas nos bordos da ferida, e depois, delicadamente, eram apertadas para ajustá-las o melhor possível e, desta maneira, apressar o processo de cicatrização dos tecidos dilacerados. Lembro-me nitidamente da impressão que me causou ver (e sentir, mas ainda assim não demasiado) o metal a entrar na carne. Andei depois com o joelho ligado e a perna tesa até ao dia em que voltei ao posto médico para que me retirassem o "gato". É outra lembrança muito viva que guardo, a pinça a extrair delicadamente o pedaço de metal, as duas pequenas fendas de carne viva que não sangraram. Estava pronto para outra.

Recordo muito bem, com uma nitidez absoluta, quase fotográfica, os amplos e extensos corredores, o pavimento escuro, constituído por mosaicos vermelhos que pareciam encerados, ou talvez não o fossem, tão esforçado e contínuo teria de ser o trabalho de os manter limpos com todas aquelas botas e sapatos a pisá-los durante o dia, mas, se afinal não os enceravam, então não consigo explicar como poderiam brilhar tanto. Não se via um risco nas paredes, um papel no chão, uma ponta de cigarro, nenhum desses abusos e indiferenças de comportamento juvenil hoje tão comuns, como se o tempo, desde então, as tivesse tornado indispensáveis a uma formação educativa em grau de excelência. Talvez a causa estivesse nas lições da disciplina de Instrução Moral e Cívica, ainda que, a falar verdade, não seja eu capaz de recordar nem um só dos preceitos que nos teriam sido ministrados. Quem era o professor? Não me lembro, sei só que não era padre, sei só que não se ensinava religião no Liceu Gil Vicente. Por desgraça, essas preleções, ainda laicas e republicanas, não impediram que nesses dois anos, especialmente no segundo, eu me tivesse transformado no maior mentiroso que jamais me seria dado conhecer. Mentia sem nenhum motivo, mentia a torto e a direito, mentia a propósito de tudo e de nada. Compulsivamente, como agora se diz. Do meu pai, que não era homem para andar metido em políticas, embora, como representante da autoridade, não tivesse outro remédio nem lhe repugnasse obedecer à voz dos amos e cumprir os seus mandados, inventei eu, passeando com um colega (era um rapaz magro, com os dentes saídos, e o seu almoço, invariável, todos os dias, era uma carcaça com omeleta dentro) no andar superior do claustro que dava para o corredor onde estavam as aulas, inventei eu, digo, que havia comprado o *Salazar* de António Ferro na Feira do Livro. Não recordo como se chamava esse colega. Do que sim me lembro é do seu silêncio e do seu olhar: lá em casa, provavelmente, eram do reviralho... Mentiras mais desculpáveis foram as de ter inventado enredos de filmes que nunca tinha visto. Entre a Penha de França, onde morávamos, e o liceu, no caminho que é hoje a Avenida General Roçadas e depois a Rua da Graça, havia dois cinemas, o Salão Oriente e o Royal Cine, e neles nos entretínhamos, eu e os colegas que moravam para aqueles lados, a ver os cartazes expostos, como era então uso em todos os cinemas. A partir dessas poucas imagens, no total umas oito ou dez, armava eu ali mesmo uma completa história, com princípio, meio e fim, sem dúvida auxiliado na manobra mistificadora pelo precoce conhecimento da Sétima Arte que havia adquirido no tempo dourado do "Piolho" da Mouraria. Um pouco invejosos, os companheiros ouviam-me com toda a atenção, faziam de vez em quando perguntas para aclarar alguma passagem duvidosa, e eu ia acumulando mentiras sobre mentiras, não muito longe já de acreditar que realmente tinha visto o que apenas estava inventando...

Quando comecei a frequentar o Liceu Gil Vicente ainda residíamos na Rua dos Heróis de Quionga. Tenho a certeza de que assim foi porque me recordo, poucos dias antes de começarem as aulas, de estar sentado no chão, numa divisão que não era o quarto dos meus pais (nessa altura já havíamos subido um degrau na escala social, ocupávamos uma parte-de-casa) a "ler" o livro de Francês. Nessa Rua dos Heróis de Quionga morávamos nós, os Baratas, que tinham vindo connosco da Rua Fernão Lopes, e também, vinda não sei donde, uma tia deles, uma mulher idosa, chamada Emília, como a mulher do Barata mais velho. De tempos a tempos, creio que uma vez ou duas por mês, aparecia ali de visita um parente deles, sobrinho ou primo seria, de nome Júlio, cego, e que estava internado não sei em que asilo. Vestia um uniforme de cotim cinzento deslavado. Glabro de cara, com pouco cabelo na cabeça, e esse mesmo cortado à escovinha, tinha os olhos quase brancos e o ar de quem se masturbava todos os dias (é agora que o estou a pensar, não nessa altura), mas o que nele mais me desagradava era o cheiro que desprendia, um odor a ranço, a comida fria e triste, a roupa mal lavada, sensações que na minha memória iriam ficar para sempre associadas à cegueira e que provavelmente se reproduziram no *Ensaio*. Abraçava-me com muita força e eu não gostava. Apesar disso, sempre me ia sentar ao seu lado quando o via preparar-se para escrever. Colocava uma folha de papel grosso, próprio, entre dois tabuleiros de metal e depois, velozmente, sem hesitar, punha-se a picá-lo com uma espécie de punção, como se fosse dotado da vista mais perfeita do mundo. Agora quero imaginar que o Júlio talvez pensasse que aquele escrever era uma forma de acender estrelas na escuridão irremediável da sua cegueira.

Nesse tempo os Reis Magos ainda não existiam (ou sou eu que não me lembro deles) nem havia o costume de armar presépios com a vaca, o burro e o resto da companhia. Pelo menos na nossa casa. Deixava-se à noite o sapato ("o sapatinho") na chaminé, ao lado dos fogareiros de petróleo, e na manhã seguinte ia-se ver o que o Menino Jesus lá teria deixado. Sim, naquele tempo era o Menino Jesus quem descia pela chaminé, não ficava deitado nas palhinhas, de umbigo ao léu, à espera de que os pastores lhe levassem o leite e o queijo, porque disto, sim, iria precisar para viver, não do ouro-incenso- -e-mirra dos magos, que, como se sabe, só lhe trouxeram amargos de boca. O Menino Jesus daquela época ainda era um Menino Jesus que trabalhava, que se esforçava por ser útil à sociedade, enfim, um proletário como tantos outros. Em todo o caso, os mais pequenos da casa tínhamos as nossas dúvidas: custava a acreditar que o Menino Jesus estivesse disposto a emporcalhar a brancura da sua veste descendo e subindo toda a noite por paredes cobertas daquela fuligem negra e pegajosa que revestia o interior das chaminés. Talvez porque tivéssemos deixado transparecer por alguma meia palavra este saudável ceticismo, uma noite de Natal os adultos quiseram convencer-nos de que o sobrenatural não só existia mesmo, como o tínhamos dentro de casa. Dois deles, deviam ter sido dois, talvez o meu pai e o António Barata, foram para o corredor e começaram a fazer deslizar carrinhos de brinquedo de um extremo a outro, enquanto os que haviam ficado connosco na cozinha diziam: "Estão a ouvir? Estão a ouvir? São os anjos". Eu conhecia aquele corredor como se tivesse nascido nele e nunca me tinha apercebido de qualquer sinal de uma presença angélica quando, por exemplo, firmando-me num lado e no outro com os pés e as mãos, trepava pelas paredes acima até tocar com a cabeça no teto. Lá em cima, anjos ou serafins, nem um para amostra. Passado tempo, estava eu já na adolescência, tentei repetir a habilidade, mas não fui capaz. As pernas haviam-me crescido, as articulações dos tornozelos e dos joelhos tinham-se tornado menos flexíveis, enfim, o peso da idade...

Uma outra lembrança (que já evoquei no *Manual de pintura e caligrafia*) é a do desassossegador caso da tia Emília, pessoa de idade como referi, com o cabelo branco recolhido e rematado na nuca por um carrapito, robusta, muito direita, corada de natureza e abuso da bebida, e que sempre me causou uma impressão de asseio pessoal fora do comum. No tempo delas vendia castanhas assadas à porta de uma taberna que ficava um pouco abaixo, na esquina da Rua Morais Soares com a Rua dos Heróis de Quionga, mas também havia outras pequenas gulodices correntes no tabuleiro de pernas dobráveis, rebuçados, barras de amendoins com mel, outros avulsos, sem mel, enfiadas de pinhões a que chamávamos colares. Lá de vez em quando metia-se de mais no vinho e apanhava uma bebedeira. Um dia, as mulheres da casa foram encontrá-la estendida no chão do seu quarto, de costas, com as pernas abertas e as saias levantadas, cantando não me lembra o quê, enquanto se masturbava. Também acudi a espreitar, mas as mulheres faziam barreira e eu mal pude aperceber-me do essencial... Deveria ter os meus nove anos, não mais. Foi um dos primeiros capítulos da minha educação sexual elementar.

Um terceiro e não menos edificante caso foi a habilidade de que se serviram lá em casa para enganar a Companhia das Águas. Com uma agulha fina fazia-se um furo na parte do cano de chumbo que se encontrava à vista e atava-se-lhe um trapo, ficando a outra ponta dele pendurada para dentro do pote. Desta maneira, lentamente, gota a gota, ia-se enchendo o recipiente, e, como aquela água não passava pelo contador, o consumo não era registado. Quando o transvase terminava, isto é, quando o pote estava cheio, passava-se a lâmina de uma faca sobre o minúsculo orifício, e o próprio chumbo, assim repuxado, encobria o delito. Durou isto não sei quanto tempo, até que o cano, tantas vezes esburacado, se recusou a continuar a ser cúmplice da fraude e começou a verter água por tudo quanto era furo, tanto antigo como recente. Foi preciso chamar urgentemente o "homem da Companhia". Veio, olhou, cortou o troço de chumbo danificado e, sem querer dar mostra de estar ao tento de um artifício que para ele não devia ser novidade, disse, enquanto espreitava para dentro do cano: "Pois é, está todo podre". Soldou o cano novo e foi-se embora. Devia ser um bom homem para não ter querido vexar-nos e dar parte à Companhia. Que me lembre, nenhum dos três chefes de família se encontrava presente na ocasião, e ainda bem, porque não seria fácil explicar como é que, com duas autoridades policiais dentro de casa, e uma delas, ainda por cima, da investigação criminal, nos atrevíamos a cometer ilegalidades destas. Uma outra hipótese que talvez devesse ser seriamente considerada é a de que o empregado da Companhia, conversado de antemão pelo meu pai ou por qualquer dos outros dois, estivesse no conluio. Bem podia ser.

Dos tempos da Rua Heróis de Quionga pouco mais

tenho para dizer, só algumas recordações soltas, de mínima importância: das baratas que passeavam por cima de mim quando dormia no chão; de como comíamos a sopa, minha mãe e eu, do mesmo prato, cada um do seu lado, colherada ela, colherada eu; da manhã em que chovia muito e eu resolvi não ir à escola, com grande zanga da progenitora e ainda maior surpresa de mim mesmo por me atrever a faltar às aulas sem estar doente nem ter para tal qualquer motivo forte; de quando, por trás de uma das janelas que davam para a varanda corrida das traseiras, via cair os fios de água que deslizavam pelas vidraças abaixo; de como gostava de olhar, através das imperfeições de fabrico do vidro, as imagens deformadas do que estava para além dele; dos papo-secos comprados na padaria, ainda quentes e cheirosos, e a que chamávamos de "sete e meio"; das "vianinhas", de massa fina, mais caras, e que só raras vezes tive a gulosa satisfação de comer... Sempre gostei muito de pão.

Ao contrário do que atrás ficou dito, as famílias Barata não entraram na minha vida quando nos mudámos da Rua dos Cavaleiros para a Rua Fernão Lopes. Graças a uns papéis que julgava perdidos e que providencialmente se me apresentaram à vista, sem esperar, quando andava à procura doutros, a minha desorientada memória pôde reunir e encaixar umas quantas peças que estavam dispersas e, finalmente, colocar o certo e o verdadeiro onde até aí haviam reinado o duvidoso e o indeciso. Eis, para que conste, o roteiro exato e definitivo das nossas frequentes mudanças de residência: um sítio conhecido por Quinta do Perna de Pau, à Picheleira, por onde começámos, depois a Rua E, ao Alto do Pina (que depois passou a ser Luís Monteiro), a seguir a Rua Sabino de Sousa, a Rua Carrilho Videira (é aqui que aparecem os Baratas pela primeira vez), a Rua dos Cavaleiros (sem Baratas), a Rua Fernão Lopes (novamente com eles), a Rua Heróis de Quionga (ainda com eles), outra vez a mesma casa da Rua Carrilho Videira (sempre com os Baratas), a Rua Padre Sena Freitas (só com o António Barata e a Conceição), a Rua Carlos Ribeiro (enfim, independentes). Dez moradas em pouco mais de dez anos, e não era porque não pagássemos a renda, creio eu... Como acaba de se ver, não andava equivocado quando escrevi que havíamos vivido duas vezes na Rua Carrilho Videira, mas já foi o engano gravíssimo quando, sem me deter a refletir em algumas questões básicas da fisiologia sexual e do desenvolvimento hormonal, acrescentei que estava na idade de onze anos quando do episódio com a Domitília. Nada disso. Na verdade, eu não teria mais que seis, e ela andaria pelos oito. Se, já espigado como era então, tivesse os tais onze anos, ela estaria com treze, e nesse caso a coisa teria sido mais séria e a punição do delito não poderia limitar-se a duas palmadas no rabo de cada um... Resolvida agora a dúvida, aliviada a consciência do pesadume do erro, posso prosseguir.

Como era costume naquele tempo, as mudanças de casa das pessoas que não podiam pagar uma camioneta faziam-se às costas dos moços de fretes, sem outros utensílios que o pau, a corda e o chinguiço. E aguante, muito aguante. Mas as coisas miúdas não as transportavam eles, por isso minha mãe, ao longo daqueles anos (não imagino, vi-o com os meus olhos), teve de calcorrear quilómetros entre casa e casa, levando à cabeça cestas e atados, ou sobre a anca os carregando quando lhe dava mais jeito. Talvez num momento desses lhe tivesse vindo à memória o dia em que, lá na aldeia, de confusa e perturbada que ia por meu pai lhe ter pedido namoro na fonte, se esqueceu de que, para entrar em casa com o cântaro à cabeça, era preciso baixar-se. Não se lembrou, o cântaro bateu contra o lintel da porta, e aí vai ele ao chão. Cacos, água derramada, ralhos da minha avó, talvez risos ao conhecer-se a causa do acidente. Pode-se dizer que a minha vida também começou ali, com um cântaro partido.

A mãe e os filhos chegaram a Lisboa na Primavera de 1924. Nesse mesmo ano, em Dezembro, morreu o Francisco. Tinha quatro anos quando a broncopneumonia o levou. Foi enterrado na véspera de Natal. Em rigor, em rigor, penso que as chamadas falsas memórias não existem, que a diferença entre elas e as que consideramos certas e seguras se limita a uma simples questão de confiança, a confiança que em cada situação tivermos sobre essa incorrigível vaguidade a que chamamos certeza. É falsa a única memória que guardo do Francisco? Talvez o seja, mas a verdade é que já levo oitenta e três anos tendo-a por autêntica... Estamos numa cave da Rua E, ao Alto do Pina, há uma cómoda por baixo de uma abertura horizontal na parede, comprida e estreita, mais fresta que janela, rente ao pavimento da rua (vejo pernas de pessoas a passar através do que deverá ser uma cortina), e essa cómoda tem as duas gavetas inferiores abertas, a última mais puxada para fora de maneira a formar degrau com a seguinte. É o Verão, talvez o Outono do ano em que o Francisco vai morrer. Neste momento (o retrato está aí para quem o quiser ver) é um rapazinho alegre, sólido, perfeito, que, pelos vistos, não tem paciência para esperar que o corpo lhe cresça e os braços se lhe alonguem para chegar a algo que se encontra em cima da cómoda. É tudo quanto recordo. Se a mãe apareceu para cortar cerce as veleidades alpestres do Francisco, não sei. Não sei sequer se ela estava em casa, se teria ido lavar escadas a algum prédio próximo. Se o teve de fazer depois, por necessidade, quando eu era suficientemente crescido para perceber o que se passava, é mais do que provável que já o fizesse então, quando a necessidade se tornou maior. O irmão do Francisco nada poderia fazer para amparar na queda o ousado alpinista, se ela se tivesse dado. Devia estar sentado no chão, de chupeta na boca, com aquele seu pouco mais que um ano e meio, ocupado, sem que pudesse imaginar que o fazia, a registar em qualquer parte do seu pequeno cérebro o que estava vendo para poder vir a contá-lo, uma vida depois, ao respeitável público. Esta é, pois, a minha memória mais antiga. E talvez seja falsa...

Falsa, porém, não é a que vem agora. A dor e as lágrimas, se pudessem ser aqui chamadas, seriam testemunhas da violenta e feroz verdade. O Francisco já morreu, eu estaria, creio, entre os meus dois e três anos. Um pouco afastado da casa (ainda estamos a morar na Rua E) havia um monte de caliça abandonado de alguma obra. À força (a minha débil resistência de nada podia servir), três ou quatro rapazes crescidos levaram-me para lá. Empurraram-me, atiraram-me ao chão, despiram-me os calções e as cuecas, e, enquanto uns me prendiam os braços e as pernas, um outro começou a introduzir-me um arame na uretra. Gritei, esbracejei desesperado, esperneei o mais que podia, mas a cruel ação prosseguiu, o arame penetrou mais fundo. Talvez o sangue abundante que começou a sair do meu pequeno e martirizado pénis me tenha salvo de pior. Os rapazes podem ter-se assustado, ou simplesmente acharam que já se tinham divertido o suficiente, e fugiram. Não havia ninguém ali para me acudir. A chorar, com o sangue a escorrer pelas pernas abaixo, deixando a roupa no monte de caliça, lá me arrastei em direção a casa. Minha mãe já havia saído à minha procura (não posso lembrar-me por que estaria eu sozinho na rua), e quando me viu naquele mísero estado desatou aos gritos: "Ai o meu rico filho! Quem foi que te fez isto?", mas não valiam a pena gritos e choros, os culpados já iam longe, se calhar nem eram daquele bairro. Sarei das feridas internas com muita sorte porque um arame apanhado do chão tinha tudo para ser, em princípio, o melhor caminho para um tétano. Depois da morte do Francisco, parecia que o azar não queria deixar-nos a porta. Posso imaginar a preocupação dos meus pais quando, mais adiante, já com cinco anos, achacado da garganta, tiveram de me levar ao mesmo hospital onde ele havia morrido. Afinal, os meus padecimentos eram só de angina e sinusite, nada que não se pudesse tratar em meia dúzia de dias, como efetivamente viria a suceder. Perguntar-se-á como sou eu sabedor de todos estes pormenores depois de passado tanto tempo. A história é longa, mas poderá ser resumida em poucas palavras. Quando há muitos anos me veio a ideia de escrever as recordações e experiências do tempo em que era pequeno, tive logo presente que deveria falar da morte (já que tão pouca vida teve) do meu irmão Francisco. Desde sempre tinha ouvido dizer na família que ele havia falecido no Instituto Bacteriológico Câmara Pestana, de angina diftérica, ou garrotilho, na palavra de minha mãe. No entanto, não me recordo de alguma vez se ter falado da data em que se tinha dado o falecimento. Posto a investigar, escrevi ao Instituto Câmara Pestana, donde amavelmente me responderam que não constava dos seus arquivos a entrada de qualquer criança de quatro anos com o nome de Francisco de Sousa. Enviavam-me, imagino que para me compensarem da decepção que me iam dar, uma cópia do registo da minha própria admissão no dia 4 de Abril de 1928 (tive alta a 11 do mesmo mês), com o nome de José Sousa, assim mesmo, isto é, duas vezes abreviado. Não se vê nem a sombra do Saramago, e, como se isto ainda fosse pouco, a própria preposição de, intercalar entre José e Sousa, desapareceu. Ao menos, graças a esse papel fiquei a saber que temperaturas foram as minhas naqueles dias de angina e sinusite... Recordo com toda a nitidez uma das visitas que os meus pais me fizeram. Eu estava no que chamavam o isolamento, por isso só nos podíamos ver através de um vidro. Também me lembro de que tinha em cima da cama um fogareirinho de barro e de que lhe avivava o inexistente lume com uma casca de banana a fazer de abano. Era assim que via fazer em casa, na verdade não sabia muito mais da vida...

Voltando ao meu irmão. Como era natural, a minha primeira diligência, a primeira de todas, foi solicitar à Conservatória do Registo Civil da Golegã, sede do nosso concelho de origem, que me enviassem uma certidão de nascimento de Francisco de Sousa, filho de José de Sousa e de Maria da Piedade, natural de Azinhaga, pois ali teria de constar a data em que ele havia falecido. Pois não, não constava, não senhor. A julgar por aquele documento oficial, o Francisco não tinha morrido. Já era surpreendente que o Instituto Bacteriológico Câmara Pestana me tivesse dito, com toda a seriedade administrativa, que ele nunca havia estado ali internado, quando eu sabia de fonte seguríssima que sim, agora era a Conservatória do Registo Civil da Golegã que, implicitamente, me vinha informar de que ele estava vivo. Só restava uma solução, investigar na vastidão dos arquivos dos cemitérios de Lisboa. Algumas pessoas aceitaram fazê-lo por mim, e a elas ficarei para sempre grato. O Francisco morreu no dia 22 de Dezembro, às quatro horas da tarde, e foi enterrado no cemitério de Benfica no dia 24, quase à mesma hora (triste Natal foi aquele para os meus pais). A história do Francisco, porém, não se acaba aqui. Sinceramente, penso que o romance *Todos os nomes* talvez não tivesse chegado a existir tal como o podemos ler, se eu, em 1996, não tivesse andado tão enfronhado no que se passa dentro das conservatórias de registo civil...

Chamava-se Francisco Carreira e era sapateiro. A sua loja era um escuro cubículo sem janelas, com uma porta por onde só crianças podiam entrar sem se curvarem, pois pouco mais haveria de ter que um metro e meio de altura. Sempre o vi sentado no mocho, atrás de uma banca em cima da qual dispunha os utensílios do ofício e onde se viam, emergindo de uma imemorial camada de terriço, pregos tortos, aparas de sola, alguma agulha romba, um alicate sem serventia. Era um homem doente, gasto antes do tempo, com a coluna vertebral deformada. Toda a sua força se lhe juntara nos braços e nos ombros, potentes como alavancas. Com eles batia a sola, dava cera na linha, repuxava os pontos e apontava as cardas com duas pancadas secas que nunca lhe vi falhar. Enquanto eu me entretinha a fazer buracos num pedaço de cabedal com um vazador ou remexia na água a que a sola de molho dava o toque adstringente do tanino, contava-me histórias da sua mocidade, difusas conspirações políticas, a pistola que lhe havia sido mostrada como tenebroso aviso e que, palavras do avisador, se destinava a quem traísse a causa... Depois perguntava-me como ia nos estudos, que notícias tinha do que se ia passando em Lisboa, e eu desenrascava-me o melhor que podia para satisfazer-lhe a curiosidade. Um dia encontrei-o preocupado. Alisava os cabelos ralos com a sovela, suspendia o movimento dos braços ao puxar a linha, sinais que eu bem lhe conhecia e que anunciavam uma pergunta de especial importância. Daí a pouco o Francisco Carreira inclinava para trás o corpo torcido, empurrava os óculos para a testa e disparava à queima-roupa: "O amigo acredita na pluralidade dos mundos?". Ele tinha lido Fontenelle, eu não, ou só de ouvido gozaria de alguma escassa luz sobre o assunto. Engrolei uma resposta sobre o movimento dos astros, deixei cair à ventura o nome de Copérnico, e por aí me fiquei. De todo o modo, sim, acreditava na pluralidade dos mundos, a questão estava em saber se haveria lá alguém. Ele deu-se por satisfeito, ou assim me pareceu, e eu respirei de alívio. Muitos anos depois escreveria sobre ele duas páginas a que daria o título, obviamente inspirado em Lorca, de "O Sapateiro Prodigioso". Que outra palavra poderia eu usar senão essa? Um sapateiro da minha aldeia, nos anos 30, a falar de Fontenelle...

Algo me ficou por dizer quando, numa página lá atrás, falei da ida à feira com os porcos. A venda dos bácoros entre os vizinhos da Azinhaga havia sido fraca nesse ano, por isso meu avô achou que o melhor seria levar o que restara das ninhadas à feira de Santarém. Perguntou-me se eu queria ir de ajuda do meu tio Manuel, e eu, sem precisar de pensar duas vezes, respondi que sim senhor. Ensebei as botas para a caminhada (não era viagem para fazer descalço) e fui escolher no alpendre o pau que mais jeito desse à minha altura. Começámos a jornada a meio da tarde, meu tio atrás, atento a não deixar que se transviasse nenhum dos bácoros, e eu à frente, levando nos calcanhares a barrã que os manteria reunidos, mãe autêntica de alguns deles e para os outros emprestada na ocasião. De vez em quando meu tio revezava-me, e eu, tal como ele antes, não tinha outro remédio que comer a poeira que as patas dos animais mais irrequietos iam levantando do caminho. Era quase noite quando chegámos à Quinta da Cruz da Légua, onde estava combinado que dormiríamos. Metemos os porcos num barracão e comemos o farnel de pé à luz que vinha de uma janela, porque não tínhamos querido entrar, ou não nos convidou o feitor da quinta, que foi o mais certo... Quando estávamos a comer, veio um criado dizer que podíamos dormir com os cavalos. Deu-nos duas mantas lobeiras e foi-se embora. A porta da cavalariça ficaria aberta, e assim nos convinha, pois teríamos de sair pela madrugada, antes de que a primeira claridade apontasse no céu, para chegarmos a Santarém ao abrir da feira. A nossa cama seria um dos extremos da manjedoura que acompanhava toda a parede do fundo. Os cavalos resfolgavam e davam patadas no chão empedrado. Icei-me para a manjedoura e estendi-me sobre a palha fresca, como num berço, enrolado na manta, respirando o cheiro forte dos animais, toda a noite inquietos, ou assim me iria parecer se me despertava nos intervalos do sono. Sentia-me cansado, com as pernas e os pés moídos como nunca. A escuridão era quente e espessa, os cavalos sacudiam as crinas com força, e o meu tio, com a cabeça quase a tocar-me os pés, dormia como uma pedra. Acordei do sono profundo em que acabara por cair quando, madrugada alta ainda, ele me chamou: "Levanta-te, Zé, temos de ir". Sentei-me na manjedoura com os olhos piscos de sono e deslumbrados por uma luz inesperada. Saltei para o chão e saí ao pátio: na minha frente, entornando leite sobre a noite e a paisagem, havia uma lua redonda e enorme, o branco mais refulgente onde o luar batia em cheio, e, por contraste, o negro mais espesso nas sombras. Não tornaria a ver uma lua assim. Fomos buscar os porcos e descemos ao vale, com mil cautelas, porque havia mato alto, silvados e barrocos, e os bácoros, que estranhavam a matinada, facilmente poderiam tresmalhar-se e perder-se. A partir do fundo do vale tudo se tornou mais simples. Seguimos ao longo de vinhas já maduras, por um caminho coberto de poeira que a frescura da noite mantinha rasteira, e eu saltei ao meio das cepas e cortei dois grandes cachos que meti na blusa enquanto corria os olhos em redor, a ver se algum guarda aparecia. Voltei ao caminho e entreguei um cacho ao meu tio. Fomos andando e comendo os bagos frios e doces, que, de tão duros, pareciam como cristalizados. Começámos a subir para Santarém quando o Sol nascia. Estivemos na feira toda a manhã e uma parte da tarde. O negócio não nos saiu mal, mas não conseguimos vender os bácoros todos. Já não me lembro por que razões, se é que as deu, coisa bastante improvável, meu tio Manuel decidiu que a volta a casa iria ser pelas colinas baixas que se levantam ao longo desta parte do Tejo. Abençoado capricho, graças a ele pude conhecer a minha primeira estrada romana...

Cai a chuva, o vento desmancha as árvores desfolhadas, e dos tempos passados vem uma imagem, a de um homem alto e magro, velho, agora que está mais perto, por um carreiro alagado. Traz um cajado ao ombro, um capote enlameado e antigo, e por ele escorrem todas as águas do céu. À frente caminham os porcos, de cabeça baixa, rasando o chão com o focinho. O homem que assim se aproxima, vago entre as cordas de chuva, é o meu avô. Vem cansado, o velho. Arrasta consigo setenta anos de vida difícil, de privações, de ignorância. E no entanto é um homem sábio, calado, que só abre a boca para dizer o indispensável. Fala tão pouco que todos nos calamos para o ouvir quando no rosto se lhe acende algo como uma luz de aviso. Tem uma maneira estranha de olhar para longe, mesmo que esse longe seja apenas a parede que tem na frente. A sua cara parece ter sido talhada a enxó, fixa mas expressiva, e os olhos, pequenos e agudos, brilham de vez em quando como se alguma coisa em que estivesse a pensar tivesse sido definitivamente compreendida. É um homem como tantos outros nesta terra, neste mundo, talvez um Einstein esmagado sob uma montanha de impossíveis, um filósofo, um grande escritor analfabeto. Alguma coisa seria que não pôde ser nunca. Recordo aquelas noites mornas de Verão, quando dormíamos debaixo da figueira grande, ouço-o falar da vida que teve, da Estrada de Santiago que sobre as nossas cabeças resplandecia, do gado que criava, das histórias e lendas da sua infância distante. Adormecíamos tarde, bem enrolados nas mantas por causa do fresco da madrugada. Mas a imagem que não me larga nesta hora de melancolia é a do velho que avança sob a chuva, obstinado, silencioso, como quem cumpre um destino que nada poderá modificar. A não ser a morte. Este velho, que quase toco com a mão, não sabe como irá morrer. Ainda não sabe que poucos dias antes do seu último dia terá o pressentimento de que o fim chegou, e irá, de árvore em árvore do seu quintal, abraçar os troncos, despedir-se deles, das sombras amigas, dos frutos que não voltará a comer. Porque terá chegado a grande sombra, enquanto a memória não o ressuscitar no caminho alagado ou sob o côncavo do céu e a eterna interrogação dos astros. Que palavra dirá então?

Tu estavas, avó, sentada na soleira da tua porta, aberta para a noite estrelada e imensa, para o céu de que nada sabias e por onde nunca viajarias, para o silêncio dos campos e das árvores assombradas, e disseste, com a serenidade dos teus noventa anos e o fogo de uma adolescência nunca perdida: "O mundo é tão bonito e eu tenho tanta pena de morrer". Assim mesmo. Eu estava lá.

Entre os bacorinhos acabados de nascer aparecia de vez em quando um ou outro mais débil que inevitavelmente sofreria com o frio da noite, sobretudo se era Inverno, que poderia ser-lhe fatal. No entanto, que eu saiba, nenhum desses animais morreu. Todas as noites, meu avô e minha avó iam buscar às pocilgas os três ou quatro bácoros mais fracos, limpavam-lhes as patas e deitavam-nos na sua própria cama. Aí dormiam juntos, as mesmas mantas e os mesmos lençóis que cobririam os humanos cobririam também os animais, minha avó num lado da cama, meu avô no outro, e, entre eles, três ou quatro bacorinhos que certamente julgariam estar no reino dos céus...

O quintal do Casalinho dividia-se em duas partes diferentes em forma e em tamanho. Podia-se aceder à primeira, a mais pequena, mais ou menos quadrada, pelos dois degraus de pedra da porta da cozinha ou por uma cancela que dava diretamente para a rua e cujo principal serviço, a bem dizer, estava em dar passagem aos porcos quando, ao primeiro luzeiro da aurora, o meu avô saía com eles ou quando, quase ao sol-pôr, os trazia a casa. Nós também a usávamos, claro está, mas os animais, esses, não teriam outra maneira de sair ou entrar. Nesta parte do quintal, sob um alpendre que sempre me parecia a ponto de se vir abaixo, encontravam-se as pocilgas, umas quatro ou cinco, onde as barrãs, deitadas de lado, com as tetas oferecidas, davam de mamar aos bácoros e com eles ali dormiam toda a santa noite e as horas do dia que lhes deixassem. Em princípio, bastaria abrir as portas das pocilgas para que cada barrã entrasse na que lhe pertencia, levando atrás de si a ninhada respectiva. Não me lembro de que elas alguma vez se tivessem equivocado de casa, mas não era raro que um ou mais bacoritos, cegos pela sofreguidão, se metessem pela porta errada. Não estavam lá muito tempo. Por incrível que possa parecer a quem estas coisas não viu ou delas nunca ouviu falar, a barrã conhecia o mamar de cada filho pela maneira como ele lhe chupava a teta para puxar o leite, de modo que o intrometido se via imediatamente rechaçado à trombada. O mais contundente, que seria uma mordedura, não me lembro eu que alguma vez tenha sucedido. O pobre do bácoro havia descoberto, tarde de mais, que aquela mãe não era a sua e, aflito, guinchava para que lhe acudissem. Meu avô ou minha avó diziam-me: "Zezito, vai lá ver aquilo". Eu, aluno já adiantado na matéria de criação de suínos, ia, filava o intruso por uma perna traseira e, sustentando-o pela barriga com a outra mão, reconduzia-o ao doce lar, à tranquilidade de ouvir a mãe legítima ronronar de prazer porque o filho pródigo tinha conseguido encontrar o caminho do regresso. E como sabia eu a que pocilga pertencia o extraviado? Nada mais simples. A cada bácoro haviam sido feitos tantos cortes no pelo quantas fossem as pocilgas ocupadas, um corte para a primeira, dois cortes para a segunda, e assim sucessivamente. (Bem mais complexo era o sistema de sinais que minha avó utilizava para saber quanto dinheiro estava a gastar na mercearia, e nunca a vi errar um centavo sequer. Traçava num caderno círculos com uma cruz dentro, círculos sem cruz dentro, cruzes fora dos círculos, traços a que ela chamava pauzinhos, alguma outra sinalefa que agora não recordo. Com o dono da tenda, que se chamava Vieira, algumas vezes a vi contrapor as suas próprias contas ao rol que ele lhe apresentava e ganhar o ajuste. Nunca me perdoarei por não lhe ter pedido um desses cadernos para mim, seria a prova documental por excelência, digamos mesmo que científica, de que a minha avó Josefa havia reinventado a aritmética, feito que numa família como a minha nada apresenta de extraordinário ou simplesmente relevante, se estamos lembrados de que o José Dinis resolveu o histórico problema da quadratura do círculo quando nem dez anos tinha ainda...) Além das pocilgas e dos cochos onde os porcos se lambiam com a lavadura, às vezes adobada com uns punhados de farinha de milho, havia nesta parte do quintal uma capoeira, uma coelheira e a barraca da burra. Das capoeiras, por muito que uma pessoa se esforce, nunca terá grande coisa para contar, espera-se que nelas coexistam umas quantas galinhas mais o galo que as gale, ovos para vender, ovos de que nascessem pintos, ovos para comer à mesa quando era dia de fazer anos o rei. A capoeira dos meus avós não era uma exceção, em espécies tinha aquilo que todas as outras têm, mas menos, seguramente, que a maior parte delas no que toca à quantidade de galináceos e respectiva produção. Quanto à coelheira, essa tem história. Visitava-a de tempos a tempos, sempre a altas horas da noite, o tio Carlos, nos intervalos de tempo em que não estava na cadeia da praça ou fugido em nenhures por suspeita de furto, sobretudo de fio de cobre dos postes telefónicos, mercadoria em particular estimada e com a qual perdia positivamente a cabeça. Não era mau homem, mas bebia demasiado e tinha dificuldade em distinguir o seu do alheio. Não creio que preferisse a carne de coelho à carne de galinha, mas os leporídeos eram a bem dizer mudos, uns guinchos e nada mais, não sabiam protestar quando ele os agarrava pelas orelhas e os metia para dentro do saco, enquanto as galinhas eram meninas para armar um espavento capaz de acordar toda a vizinhança. Quando minha avó, por via de regra ao primeiro sinal de um amanhecer que ainda vinha longe, se levantava da cama, poderia considerar-se a mulher mais afortunada do mundo se o Carlos Melrinho, como lembrança filial da incursão noturna, lhe tivesse deixado a caridade de um coelho ou dois. Imperdoável, dir-se-á, porém já devíamos saber que nem tudo é amável na vida das melhores famílias. Em todo o caso, não falta por aí quem roube muito mais que fios telefónicos e coelhos, e mesmo assim consiga passar por pessoa honesta aos olhos do mundo. Naquelas épocas e naqueles lugares, o que parecia, era, e o que era, parecia. Talvez a única exceção no Casalinho fosse a antes referida barraca da burra. Havia-lhe ficado o nome do tempo em que foi morada de uma jumenta que não cheguei a conhecer. Apesar dos muitos anos que passaram depois, o nome permaneceu sempre, e, para que não houvesse dúvidas sobre os seus princípios, a barraca conservava ainda a velha manjedoura, como se o asinino espírito tivesse por fado regressar ali todas as noites para alimentar-se da memória das favas e da palha. Além do forno de cozer o pão, que ficava ao lado da porta da cozinha, o inventário desta parte do quintal ficará completo com a referência a outra pocilga, maior que aquelas em que só cabiam as barrãs com as suas proles, e ainda assim algo apertadas. Essa pocilga grande abrigava, porém não em todos os anos, um porco que havia sido escolhido para engorda, uma besta desagradecida a quem eu, pelo menos uma vez por semana, de forquilha em punho, tinha de mudar a cama, retirando de lá a palha malcheirosa, imunda de mijo e cagadas, e substituindo-a por palha nova que não tardaria nem uma hora a perder a frescura do seu olor natural. Um dia, estava eu ocupado nesta operação, quando principiou a chover, primeiro umas quantas gotas grossas e esparsas, logo com força e insistência. Achei prudente retirar-me para a proteção da barraca da burra, mas a voz do meu avô deteve-me a meio caminho: "Trabalho que se começa, acaba-se, a chuva molha, mas ossos não parte". Era certo. Tornei a empunhar a forquilha e, sem pressas, sem precipitações, como um bom trabalhador, terminei a tarefa. Estava encharcado, mas feliz.

Uma tosca vedação de pau a pique separava as duas partes do quintal, sendo a comunicação entre elas feita por uma outra inevitável cancela. Logo à mão esquerda, encontrava-se a enorme parga da palha, com a sua forma típica de pirâmide de base retangular estreitando para cima, fruto clandestino das laboriosas madrugadas da minha avó quando, armada de ancinho, panal e corda, ia, com outras companheiras, rapar os restolhos das searas de trigo às escondidas dos guardas. Ao lado, a tão pouca distância que os ramos lhe tocavam a parte superior, estava a figueira grande, ou simplesmente a Figueira, porque, embora houvesse uma outra, essa nunca cresceu muito, quer por ser essa a sua natureza quer pelo respeito que a veterana lhe infundisse. Árvore venerável era também uma oliveira em cujo retorcido tronco se apoiava a vedação que dividia o quintal. Por causa das silvas que a rodeavam e de um espinheiro-alvar que lhe fazia ameaçadora guarda, foi, nas redondezas da casa dos meus avós, a única árvore de porte a que nunca subi. Havia mais umas quantas árvores, não muitas, um ou dois abrunheiros que faziam o melhor que podiam, uma romãzeira pouco dadivosa, uns marmeleiros cujos frutos já rescendiam a dez passos, um loureiro, alguma oliveira mais. O pouco terreno que restava era para o cultivo das hortaliças, sobretudo da couve-portuguesa, que dava folhas todo o ano e por isso se constituía como o elemento forte da gastronomia local, couves cozidas com feijão branco, sem mais adubo que o azeite, e, uma vez por outra, migas de pão de milho com que se cobria o fundo do prato antes de lhe deitar por cima o entulho. O quintal, nesta parte, era uma estreita fatia de terra de uns cinquenta ou sessenta metros de extensão, bordejando um olival a que chamavam do Salvador e tendo do outro lado, separando-a do caminho, uma densa sebe formada por canas vivas, silvados, as inevitáveis piteiras e algum que outro sabugueiro. Junto a esta sebe recolhi eu, por duas ou três vezes, as peles ressequidas de que as cobras se libertavam quando já não cabiam dentro delas. Essas peles eram boas para não sei que doença dos porcos. À medida que se ia aproximando do fim, o terreno estreitava-se até terminar em ponta, como o rabo de um cágado. Era aí que minha avó e eu íamos dar de corpo quando a urgência apertava e não dava tempo a que nos metêssemos pelos olivais dentro. (Meu avô devia resolver a questão lá por onde andasse com os porcos.) Que não se surpreenda o leitor com a eufemística expressão, dar de corpo. Era a lei natural. Adão e Eva tiveram de fazer o mesmo num recanto qualquer do paraíso.

A arca era azul, pintada com tinta de óleo, de uma cor cansada de céu sujo. Estava na casa de fora, ao lado da porta da rua, logo à direita de quem entrava. Era grande, era enorme, era a arca das favas. Minha avó recomendava-me que não a abrisse porque o pó das favas causava uma comichão terrível, cobrindo de brotoeja (era o nome que dávamos às incómodas vesículas) a pele do imprudente. Meu avô, que cultivava, sobre as complicadas questões da formação do carácter e dos métodos para robustecer a fortaleza de ânimo, ideias resolutamente espartanas, ria-se baixinho de tais avisos e cuidados e perguntava-me uma vez por outra, quando regressava a casa com o gado, ao sol-posto, se já a tinha aberto.

Não sendo eu então, e até hoje, adicto ao pruriginoso legume, levantar a portentosa tampa da arca só para ver umas favas iguais a outras que fora dela podia olhar e manipular sem risco não era intento que excitasse a curiosidade dos meus dez anos, ocupada em aventuras doutro calibre, como eram as explorações pelas ribeiras do Almonda e do Tejo ou pelos labirínticos emaranhados do Paul do Boquilobo. Mas tantas vezes a mansa ironia do avô roçou a suscetibilidade do neto e provocou o seu pequeno orgulho que um dia, estando sozinho em casa, foi-se à arca e, com grande esforço, levantou-lhe a pesada tampa, fazendo-a subir a toda a altura dos braços e depois empurrando-a até ir bater contra a parede caiada. Ali estavam as favas. Um pouco do pó finíssimo que lhes velava a cor pardacenta tinha-se movido com a súbita corrente de ar e veio tocar--lhe as mãos e os antebraços, onde, em segundos, não tardaria a surgir a anunciada erupção e se manifestaria o anunciado prurido. Mas, como ao teimoso rapazinho ainda lhe parecia insuficiente prova o estado em que já ia tendo as mãos, ei-lo que as vai meter nas malignas favas, fazendo-as rumorejar como cascalho e levantando, agora sim, uma nuvem de pó. Caberia aqui a descrição das comichosas consequências se não fosse outra a história que tenho para contar. Ao deslocar-me na direção de uma das esquinas da arca para rodeá-la e com mais facilidade chegar ao bordo superior da tampa e fazê-la depois descer, reparei que, pelo lado de dentro, estava forrada de papel de jornal. Não era uma casa de leitores a casa dos avós, analfabetos um e outro, como já ficou dito e redito. Um tio qualquer que por lá aparecesse e algum tempo demorasse, em licença da tropa, por exemplo, se algumas letras fosse competente de ler, seria das gordas e gordíssimas. A presença daquelas folhas do *Século* — que, com todo o fundamento, anunciava no cabeçalho ser o jornal de maior expansão do País, e se digo "com todo o fundamento" é porque era o único jornal que chegava à Azinhaga —, a presença de tais folhas, digo, só podia significar que minha avó as tinha pedido, quando já lidas e postas de lado, na tenda do Senhor João Vieira de quem era freguesa. Fossem estes meus avós gente fina e de pele delicada, e eu admitiria, hoje, a hipótese de estarem ali aqueles papéis para taparem as frinchas da tampa da velha arca, que realmente as tinha, e assim impedir que o perigoso pó castanho das favas atacasse à falsa fé a indefesa tribo dos Melrinhos, Caixinhas e Saramagos. Uma outra hipótese, esta artística, é que, aos olhos da minha avó, fossem as letras, as palavras e as imagens tão atraentes como ao neto lhe viriam a parecer, anos depois, a escrita dos chineses, ou a dos árabes, para não ir mais longe. Fica o mistério por esclarecer.

Dez anos tinha eu, mas lia de corrido e entendia perfeitamente o que lia, além de não cometer, em tão tenra idade, demasiados erros ortográficos, o que, aliás, diga-se de passagem, não representava, nesse tempo, mérito merecedor de uma medalha. Compreende-se, portanto, que, apesar das mal sofríveis comichões que me estavam reclamando a frescura balsâmica de um alguidar de água fria ou uns afagos de vinagre, eu aproveitasse a ocasião para me embrenhar na leitura variada que o acaso me havia proposto. Era o Verão de 1933, eu tinha dez anos, e de todas as notícias que o *Século* publicou naquelas folhas de um certo dia do ano anterior só uma recordação vim a guardar: a fotografia, com a respectiva legenda explicativa, que mostrava o chanceler austríaco Dollfuss a assistir a um desfile de tropas no seu país. Era o Verão de 1933, há seis meses que Hitler tomou o poder na Alemanha, mas dessa notícia, se a seu tempo a li no *Diário de Notícias* que meu pai levava para casa, em Lisboa, não tenho lembrança. Estou de férias, em casa dos meus avós maternos, e, enquanto meio distraído, vou coçando devagarinho os braços, surpreendo-me de como podia um chanceler (que era um chanceler?) ser tão baixinho. Nem Dollfuss nem eu sabemos que irá ser assassinado pelos nazis austríacos no ano seguinte.

Foi por esta época (talvez ainda em 33, talvez já em 34, se as datas não se me confundem) que, passando um dia na Rua da Graça, meu costumado caminho entre a Penha de França, onde morava, e São Vicente, onde era então o Liceu Gil Vicente, vi, dependurado à porta de uma tabacaria, mesmo defronte do antigo Royal Cine, um jornal que apresentava na primeira página o desenho perfeitíssimo de uma mão em posição de preparar--se para agarrar algo. Por baixo, lia-se o seguinte título: "Uma mão de ferro calçada com uma luva de veludo". O jornal era o semanário humorístico *Sempre Fixe*, o desenhador, Francisco Valença, a mão figurava ser a de Salazar.

Estas duas imagens — a de um Dollfuss que sorria vendo passar as tropas, quem sabe se já condenado à morte por Hitler, a da mão de ferro de Salazar escondida por baixo da macieza de um veludo hipócrita — nunca me deixaram ao longo da vida. Não me perguntem porquê. Muitas vezes esquecemos o que gostaríamos de poder recordar, outras vezes, recorrentes, obsessivas, reagindo ao mínimo estímulo, vêm-nos do passado imagens, palavras soltas, fulgurância, iluminações, e não há explicação para elas, não as convocámos, mas elas aí estão. E são estas que me informam que já nesse tempo, para mim, mais por intuição, obviamente, que por suficiente conhecimento dos factos, Hitler, Mussolini e Salazar eram colheres do mesmo pau, primos da mesma família, iguais na mão de ferro, só diferentes na espessura do veludo e no modo de apertar.

*130*

\* \* \*

Quando a guerra civil de Espanha começou, eu já trocara o Liceu Gil Vicente pela Escola Industrial de Afonso Domingues, ali a Xabregas, e fazia os possíveis por aprender, a par do Português, da Matemática, da Física, da Química, do Desenho de Máquinas, da Mecânica e da História, também algum francês e alguma literatura (naquele tempo, pasme-se, ensinava-se francês e literatura numa escola industrial...), e, enfim, que para isso é que eu lá ia, penetrar, aos poucos e poucos, nos mistérios da profissão de serralheiro mecânico. Lia na imprensa que aos combatentes de um lado se dava o nome de vermelhos e que aos outros os devíamos conhecer por nacionalistas, e como os jornais iam dando notícia das batalhas, com mapas algumas vezes, resolvi, como contei atrás, ter o meu próprio mapa, no qual, conforme o resultado dos combates, ia espetando bandeirinhas de cores diferentes, creio que vermelhas e amarelas, graças às quais julgava estar acompanhando, para usar a expressão consagrada, o desenrolar das operações. Até ao dia, que cedo foi, em que percebi que andava a ser ludibriado pelos militares reformados que se empregavam na tarefa de censurar a imprensa, fazendo suas, respeitosamente, a mão de ferro e a luva de veludo. Vitórias, só as de Franco, decidiam eles. O mapa foi lançado ao lixo, as bandeiras perderam-se. E esta foi, provavelmente, uma das razões por que, mandado com os meus colegas ao Liceu de Camões, onde se faria distribuição das fardas verdes e castanhas da Mocidade Portuguesa, arranjei maneira de nunca sair do fim da fila que se prolongou até à rua, e ainda lá estava quando um graduado (assim lhe chamavam) veio avisar que se tinham acabado os fardamentos. Houve nas semanas seguintes mais umas quantas distribuições de barretes, camisas e calções, mas eu, com alguns outros, sempre fui de civil às formaturas, contrariadíssimo nas marchas, inabilíssimo no manejo de arma, perigosíssimo no tiro ao alvo. O meu destino não era aquele.

Um dos meus amigos no liceu foi um moço gorducho, triste, de grandes óculos redondos, que dava sempre a impressão de cheirar a remédios. Faltava muito às aulas, mas as faltas eram-lhe relevadas por doença. Nunca se sabia se iria aparecer de manhã, nem se ficaria o dia todo. Apesar disto, inteligente e aplicado, era um dos que conseguiam melhores notas. Estava dispensado da ginástica e não podia nem chegar-se às nossas turbulentas brincadeiras. Nunca o vi na cerca na hora do recreio. Levavam-no ao liceu de automóvel e de automóvel o iam recolher. Como não havia refeitório, a rapaziada comia onde calhava, nos corredores, na cerca, na galeria do claustro que correspondia ao andar ocupado pelo liceu. Graças a uma autorização especial do reitor, a ele trazia-lhe uma criada o almoço ainda quente, que lhe era servido, com toalha e guardanapo, numa sala do andar de baixo, em sossego, longe de algazarras e encontrões. A mim, dava-me pena. Talvez ele o tivesse notado porque um dia perguntou-me se eu não queria fazer-lhe companhia. Não para almoçar, claro está, só para fazer-lhe companhia. Eu disse-lhe que sim.

Combinámos que iria ter com ele depois de haver comido, lá em cima, a minha habitual carcaça com rodelas de chouriço, queijo ou omeleta, e, depois, terminado o seu almoço, subiríamos juntos para a aula. Com a sua cara redonda e triste, ele mastigava devagar, sem apetite, surdo às súplicas da criada: "Um pouco mais, menino, só um pouquinho mais...". Então, vistos os factos, logo no segundo dia, para o animar, comecei a fazer palhaçadas, como fingir que tropeçava em mim mesmo, e o caso é que tão elementares artes cómicas deram resultado. Ele ria, comia quase sem se dar conta, a criada estava encantada. Devem ter falado de mim lá entre a família porque um dia ele convidou-me a ir a sua casa, a qual vinha a ser nada mais nada menos que um palacete (a mim pareceu-me um palácio) na Calçada da Cruz da Pedra, no alto de um jardim em socalcos que dava para o Tejo. Fui recebido por ele e por uma irmã mais nova, a mãe esteve connosco alguns minutos e depois retirou-se. Era a hora do chá. Merendámos numa saleta cuja mobília me fez lembrar a casa dos Senhores Formigais, embora menos solene, sem damascos. Quiseram assustar-me com a brincadeira de pôr debaixo da minha chávena, sob a toalha, uma borracha que se enchia pela ação de uma pera de ar que o meu amigo manejava do outro lado da mesa. Vi o pires e a chávena começarem aos saltos, mas não me assustei. Ali estava um efeito de que era preciso averiguar a causa. Levantei a toalha, e acabámos todos a rir. Depois fomos para o jardim jogar ao burro (chamava-se assim a um tabuleiro inclinado, com divisões e números dentro delas, para onde lançávamos as malhas, tratando de obter o maior número de pontos) e perdi. Quando já andava na Afonso Domingues fui pela última vez a casa dele. Mostrei-lhe, com um orgulho que eu sabia ser falso, o cartão que me identificava como aluno do ensino técnico (no liceu não tínhamos cartões), mas deu-lhe pouca importância, um olhar rápido e nada mais. Não voltei a saber deles. O palacete estava no meu caminho para a Afonso Domingues, mas nunca me desviei os poucos metros necessários para ir bater-lhes à porta. Creio que devo ter tido a consciência de que havia deixado de ser útil.

Um dia, na aula de Mecânica, parti um ponteiro. O professor ainda não tinha chegado e nós aproveitávamos o tempo para armar o arraial do costume, uns a contar anedotas, outros a atirar aviões ou bolas de papel, outros a jogar às palmadas (magnífico exercício para estimular os reflexos, porquanto o jogador que tem as palmas das mãos para baixo terá de tentar escapar à palmada que o jogador que tem as palmas das mãos para cima vai tentar dar-lhe), e eu, para exemplificar o uso da lança, já não sei a que propósito, talvez por causa de algum filme que tivesse visto, empunhei o ponteiro como se lança fosse e corri para o quadro-negro, supostamente o inimigo que teria de ser deitado do cavalo abaixo. Calculei mal a distância e o choque foi tal que o ponteiro se partiu em três pedaços na minha mão. O feito foi celebrado com aplausos por alguns, outros calaram-se e olharam-me com aquela expressão única que significa, em todas as línguas do mundo, "Estás bem arranjado", enquanto eu, como se acreditasse na possibilidade de um milagre, procurava ajustar um ao outro os pontos de fractura de dois dos bocados de pau. Como o milagre não se produziu, fui depor os destroços em cima do estrado e nesta operação estava quando o professor entrou. "Que aconteceu?", perguntou. Dei uma explicação atabalhoada ("O ponteiro estava no chão e pus-lhe, sem querer, um pé em cima, senhor engenheiro") que ele fez de conta que aceitava. "Já sabes, terás de trazer outro", disse. Assim era e assim teve de ser. O pior é que em casa ninguém pensou em ir a uma loja de artigos escolares e perguntar quanto custava um ponteiro. Partiu-se logo do princípio de que seria demasiado caro e que a melhor solução seria comprar numa serração de madeiras um pau redondo, do mesmo tamanho, em bruto, e trabalhar eu em torná-lo o mais parecido possível com um ponteiro autêntico. E assim foi. Para bem ou para mal, nem meu pai nem minha mãe se meteram no assunto. Durante talvez duas semanas, tardes de sábado e domingos incluídos, de navalha em punho, como um condenado, desbastei, raspei, afilei, lixei e encerei o maldito pau. Valeu-me a experiência ganha na Azinhaga no manejo da ferramenta. A obra não ficou o que se chama uma perfeição, mas foi tomar dignamente o lugar do ponteiro partido, com aprovação administrativa e um sorriso compreensivo do professor. Havia que tomar em consideração que a minha especialidade profissional era a serralharia mecânica, e não a carpintaria...

O José Dinis morreu novo. Os anos dourados da infância tinham acabado, cada um de nós teve de ir à sua vida, e um dia, passado tempo, estando eu na Azinhaga, perguntei à tia Maria Elvira: "Que é feito do José Dinis?". E ela, sem mais palavras, respondeu: "O José Dinis morreu". Éramos assim, feridos por dentro, mas duros por fora. As coisas são o que são, agora se nasce, logo se vive, por fim se morre, não vale a pena dar-lhe mais voltas, o José Dinis veio e passou, choraram-se umas lágrimas na ocasião, mas o certo é que a gente não pode levar a vida a chorar os mortos. Quero crer que hoje ninguém se lembraria do José Dinis se estas páginas não tivessem sido escritas. Sou eu o único que pode recordar quando subíamos para a grade da ceifeira e, mal equilibrados, percorríamos a seara de ponta a ponta, vendo como as espigas eram cortadas, e cobrindo-nos de pó. Sou eu o único que pode recordar aquela soberba melancia de casca verde-escura que comemos na borda do Tejo, o meloal dentro do próprio rio, numa daquelas línguas de terra arenosa, às vezes extensas, que o Verão deixava a descoberto com a diminuição do caudal. Sou eu o único que pode recordar o ranger da navalha, as talhadas vermelhas com as pevides negras, o castelo (noutros sítios chamam-lhe coração) que se ia formando no meio com os sucessivos cortes (a navalha não alcançava o eixo longitudinal do fruto), o sumo que nos escorria pelo pescoço abaixo, até ao peito. E também sou eu o único que pode recordar aquela vez em que fui desleal com o José Dinis. Andávamos com a tia Maria Elvira no rabisco do milho, cada qual no seu eito, de sacola ao pescoço, a recolher as maçarocas que por desatenção tivessem ficado nas canoilas quando da apanha geral, e eis que vejo uma maçaroca enorme no eito do José Dinis e me calo para ver se ele passava sem dar por ela. Quando, vítima da sua pequena estatura, seguiu adiante, fui eu lá e arranquei-a. A fúria do pobre espoliado era digna de ver-se, mas a tia Maria Elvira e outros mais velhos que estavam perto deram-me razão, ele que a tivesse visto, eu não lha tinha tirado. Estavam enganados. Se eu fosse generoso ter-lhe-ia dado a maçaroca ou então tinha-lhe dito simplesmente: "José Dinis, olha o que está aí à tua frente". A culpa foi da constante rivalidade em que vivíamos, mas eu suspeito que no dia do Juízo Final, quando se puserem na balança as minhas boas e más ações, será o peso daquela maçaroca que me precipitará no inferno...

A pouca distância do quintal dos meus avós havia umas ruínas. Era o que restava de umas antigas malhadas de porcos. Chamávamos-lhes as malhadas do Veiga e eu costumava atravessá-las quando queria abreviar o caminho para passar de um olival a outro. Um dia, devia andar pelos meus dezasseis anos, dou com uma mulher lá dentro, de pé, entre a vegetação, compondo as saias, e um homem a abotoar as calças. Virei a cara, segui adiante e fui sentar-me num valado da estrada, a distância, perto de uma oliveira ao pé da qual, dias antes, tinha visto um grande lagarto verde. Passados uns minutos vejo a mulher a atravessar o olival em frente. Quase corria. O homem saiu das ruínas, veio para mim (devia ser um tratorista de passagem na terra, contratado para algum trabalho especial) e sentou-se ao meu lado. "Mulher asseada", disse. Não respondi. A mulher aparecia e desaparecia entre os troncos das oliveiras, cada vez mais longe. "Disse que você a conhece e que vai avisar o marido." Tornei a não responder. O homem acendeu um cigarro, soltou duas baforadas, depois deixou-se escorregar do valado e despediu-se: "Adeus". Eu disse: "Adeus". A mulher tinha desaparecido de vez. Nunca mais tornei a ver o lagarto verde.